개혁 신학

이란 무엇인가

조너선 매스터 지음 | 전의우 옮김

REFORMED THEOLOGY

생명의말씀사

Reformed Theology
by Jonathan Master

ⓒ 2023 by Jonathan Master
Originally published by P&R Publishing, Phillipsburg, NJ, USA.

This Korean edition ⓒ 2024 by Word of Life Press, Seoul, Republic of Korea.
Translated and published by permission.
All rights reserved.

개혁 신학이란 무엇인가

ⓒ 생명의말씀사 2025

2025년 2월 28일 1판 1쇄 발행

펴낸이 | 김창영
펴낸곳 | 생명의말씀사

등록 | 1962. 1. 10. No.300-1962-1
주소 | 서울시 종로구 경희궁1길 6 (03176)
전화 | 02)738-6555(본사)・02)3159-7979(영업)
팩스 | 02)739-3824(본사)・080-022-8585(영업)

기획편집 | 태현주
디자인 | 조현진
인쇄 | 영진문원
제본 | 보경문화사

ISBN 978-89-04-03188-7 (03230)

저작권자의 허락 없이 이 책의 일부 또는 전체를
무단 복제, 전재, 발췌하면 저작권법에 의해 처벌을 받습니다.

개혁
신학
이란 무엇인가

나의 아버지와 어머니
존 레이스 매스터(John Reis Master)와
재닛 크로퍼드 매스터(Janet Crawford Master)에게
이 책을 바친다.

추천의 글

『개혁 신학이란 무엇인가』(*Reformed Theology*)는 역사적이고 정통적이며 신앙 고백적인 기독교를 가르치는 학교이며, 하나님의 주권, 성경의 권위, 구원에 나타난 하나님의 은혜, 교회의 필요성과 의미, 언약 신학을 지키고 강조한다. 이 책에서 조너선 매스터(Jonathan Master)는 개혁 신학의 본질과 정의를 선명하고 간결하면서도 유익하게 설명하며, 따라서 학생들과 목회자들과 교인들이 개혁 신학의 내용과 의미를 깊이 생각하도록 돕는다. 개혁 신학에 첫발을 들여놓고 살펴보기에 맞춤한 책이다.

리곤 덩컨(Ligon Duncan)
리폼드 신학교 총장 겸 CEO

조너선 매스터는 생각이 깊고 마음이 따뜻한 목회자이며, 이 책이 이것을 잘 증명한다. 매스터는 간략하게 개혁 신앙의 기본 원리들을 제시하고 모든 신학이 그래야 하듯 그 내용을 송영(doxology)으로 마무리한다. 누구든지 개혁 신학을 메마른 지성주의나 독선적 현학과 연결한다면 이 책이 그의 생각을 바로 잡아 줄 것이다. 새내기 그리스도인들과 소그룹 토론, 개혁 신앙이 왜 중요한지에 대한 간략한 설명을 원하는 사람들 모두에게 맞춤한 책이다.

칼 R. 트루먼(Carl R. Trueman)
그로브시티 칼리지 성경 및 종교 연구학 교수

이 응축되고 읽기 쉬운 책에서 조너선 매스터는 하나님의 섭리로 종교 개혁의 산고를 통해 선포되고 보존된 신학을 간결하게 설명하고 분명하게 제시한다. 그러면서 개혁 신학이란 성경을 통해 계시된 신학으로 성령에 힘입어 단순하면서도 완전히 돌아가는 것이며, 이로써 하나님의 백성을 교회가 강요한 신학적 이단들의 미신과 오류에서 해방하는 것이고, 솔라 스크립투라(*sola Scriptura*, 오직 성경)가 우리의 신앙과 행위의 유일한 규범이라는 것을 재확인하는 것임을 분명하게 보여준다.

해리 L. 리더 3세(Harry L. Reeder III)
앨라배마주 버밍햄 소재 브라이어우드 장로교회 담임목사

큰 개념들을 효과적으로 압축해 얇은 책에 담은 경우는 흔치 않다. 그러나 조너선 매스터는 이 작업을 훌륭히 수행해 탁월한 개혁 신학 입문서를 내놓았다. 매스터는 박식함과 따뜻함을 겸비하고 개혁 신학의 기본에 초점을 맞추어 개혁 신학이 성경과 일치한다는 것을 보여줄 뿐 아니라 따뜻한 목회자의 마음까지 보여준다. 내가 섬기는 교회 성도들에게 이 책을 아주 기쁘게 추천하겠다.

토드 프루이트(Todd Pruitt)
버지니아주 해리슨버그 소재 커버넌트 장로교회 담임목사

목회자들은 간결하지만 폭넓고 깊지만 읽기 쉬우며 단순하지만 설득력 있는 개혁 신학 입문서가 오래전부터 필요했다. 조너선 매스터가 『개혁 신학이란 무엇인가』에서 이러한 자료를 우리에게 안겨 주었다. 개혁 신학에 관심 있는 사람들에게 앞으로 여러 해 동안 건네주게 될 것 같다.

테리 L. 존슨(Terry L. Johnson)
조지아주 서배너 소재 인디펜던트 장로교회 담임목사

조너선 매스터가 알차고 따뜻하며 흥미진진한 개혁 신학 입문서를 우리에게 건넨다. 그는 개혁 신앙이 성경적 기독교라는 것을 간명하게 증명한다. 목회자든 평신도든 간에, 틀림없이 손닿는 곳에 두고 수시로 찾아보고 싶을 자료다.

존 D. 페인(Jon D. Payne)
사우스캐롤라이나주 찰스턴 소재 크라이스트 장로교회 담임목사

조녀선 매스터의 『개혁 신학이란 무엇인가』를 읽는 것은 기쁨이다. 수정처럼 선명하고 성경에 충실하면서도 사소한 부분에서 곁길로 빠지거나 복잡한 데 얽매이지 않고 전체 풍경을 신학적으로, 실제적으로 조망한다.

이 시리즈의 다른 책들처럼, 이 책도 개혁 교회를 생소하게 여기는 사람들이 흔히 묻는 질문들에 답하는 데 도움이 된다. 특히 독자들에게 잘 가르쳐진 성경 교리의 풍성함을 더 맛보고자 하는 열망을 불러일으킨다.

이 책을 통해 영혼에 영양분을 공급하고 지적 만족을 주며 예배에 영감을 더하는 개혁 신학의 진리에 새롭게 감사하게 되었다. 이에 대해 깊이 감사한다.

데이비드 스트레인(David Strain)
미시시피주 잭슨 소재 제일장로교회 담임목사

차례

추천의 글 6
서문: 케빈 드영 16
들어가는 글: 신학은 중요하다 22

1 개혁 신학이란 무엇인가? 29

역사적 · 대중적 시각 | 종교 개혁의 다섯 솔라 솔라 스크립투라 · 솔라 피데 · 솔라 그라티아 · 솔루스 크리스투스 · 솔리 데오 글로리아 | 언약 | 신앙 고백 | 더 깊은 묵상을 위한 질문

2 성경과 하나님의 주권 51

왜 성경이 그렇게 중요한가? | 창세기에서 알 수 있는 것들 | 모든 것에 미치는 하나님의 주권 | 하나님의 주권은 우리의 구원에 필수다 | 선택 교리 | 더 깊은 묵상을 위한 질문

3 언약 77

행위 언약 | 노아 언약 | 아브라함 언약 | 시내산 언약 | 다윗 언약 | 새 언약 | 더 깊은 묵상을 위한 질문

4 개혁 신학이 주는 복 95

성경의 안전성 | 하나님의 주권이 주는 위로 | 하나님의 선택, 그 경이로움 | 언약의 명료성 | 신앙 고백의 투명성 | 개혁 신학은 복인가? | 더 깊은 묵상을 위한 질문

5 개혁 신학에 관한 질문과 답변 123

하나님을 더 깊이 알려면 신학을 알아야 하는가? | 개혁 신학이 신약성경을 읽는 데 어떻게 영향을 미치는가? | 어떻게 유아 세례가 개혁 신학에 들어맞는가? 유아 세례를 믿어야 개혁주의자인가? | 개혁 신학은 단지 지성인들을 위한 것인가? | 개혁 신학은 성령에 관해 무엇을 가르치는가? | 개혁주의자를 자처하는 많은 사람이 까칠하거나 못돼 먹었다. 왜 그런가? | 개혁 신학은 자유 의지를 부정하지 않는가? 개혁 신학은 인간을 로봇이 되게 하지 않는가? | 개혁 신학은 선교와 복음 전파를 덜 강조하지 않는가? | 내가 개혁 신학의 교리들 중에 어떤 것들은 좋아하지만 어떤 것들은 좋아하지 않는다면 어떻게 되는가? 나는 개혁주의자인가? | 내가 개혁 신학을 확신하지만 개혁 교회에 속해 있지 않다면 어떻게 해야 하는가? 지교회가 개혁 신학에 왜 중요한가? | 개혁 교회를 어떻게 찾는가? | 개혁 신학이 예배관에 어떻게 영향을 미치는가? | 개혁주의 예배는 로마가톨릭 예배와 같지 않은가? | 개혁 신학은 내 가족에게 어떻게 영향을 미치는가?

추천 도서 152

서문

장로교 개혁 교회는 일을 '품위 있고 질서 있게' 하길 좋아한다. 이는 자주 회자되는 말로서, 때로는 웃자고 하는 말이고 때로는 짜증 섞인 말이다. 이 말 뒤에 자리한 유머와 불만 둘 다 이해가 된다. 우리는 우리의 계획안을 사랑하고, 우리의 의사록을 사랑하며, 우리의 치리회를 사랑하고, 우리의 위원회를 사랑한다. 장로교 개혁주의자들은 위원회를 감독하기 위해 또 다른 위원회를 둔다는 말이 있다("기존 스타벅스의 화장실에 새 스타벅스를 열다."라는 오래된 기사 제목이 떠오른다).

우리는 교회 직분자들이 세 가지, 곧 성경과 우리의 신앙 고백과 제목에 '질서'(Order)가 들어간 문서(미국장로교 헌법은 신앙 고백서[Book of Confessions]와 규례서[Book of Order]로 구성된다 – 역자 주)를 당연히 알 거라 생각할 만큼 일을 품위 있고 질서 있게 처리하길 좋아한다.

그러나 극단적 개혁주의의 여러 형태를 불신하며 고개를 젓기 전에("의사야, 너 자신을 고치라."라고 하기 전에), '품위 있고 질서 있게'가 장로교의 취향이기 이전에 성경의 명령이었다는 것을 기억해야 한다(고전 14:40을 보라). 바울은 교회를 향해 예의를 갖추고 단정하며 대열을 지은 군대처럼 질서를 유지하라고 명한다. 이 명령은 성경에서 성(gender)에 관한 혼란, 주의 만찬에 관한 혼란, 영적 은사에 관한 혼란, 그리스도의 몸에 관한 혼란, 공예배에 관한 혼란을 다루는 부분에 맞춤한 결론이다. '품위 있고 질서 있게'는 고린도에 팽배했던 무질서에 비하면 상당히 좋게 들린다.

장로교 개혁주의 그리스도인들이 받는 전형적인 공격이 있다. 머리는 뛰어난데 가슴이 빈약하다는 것이다. 우리가 감정 없는 금욕주의자이며, 도무지 바뀔 줄 모르는 별종이고, 얼음장 같은 하나님의 선민이라는 것이다. 그러나 사도 바울은 이러한 은근한 모욕에 개의치 않았을 것이다. 그는 교회에서 질서의 반대는 거침없는 자발성이 아니라 자신을 높이는 혼돈이라는 것을 알았기 때문이다. 하나님은 절대로 평화보다 혼란을 좋아하시는 분이 아니다(고전 14:33을 보라). 하나님은 절대로 신학과 송영(doxology)이 맞서게 하거나 머리와 가슴이 맞서게 하지 않으신다. 데이비드 갈런드(David Garland)는 이것을 귀에 쏙 들어오게 표현했다.

열정의 성령은 질서의 성령이기도 하다.[1]

　제이슨 헬로펄러스(Jason Helopoulos)가 찾아와 이 시리즈의 서문을 써 달라고 했을 때 나는 기꺼이 응했다. 단지 제이슨이 아주 가까운 친구이기 때문이 아니라(우리 둘 다 불운한 시카고 베어스를 응원하는 팬이다) 세밀하고 균형 잡혔으며 논리 정연한 이 시리즈가 장로교 개혁 교회의 서가에서 중요한 자리를 차지할 것이기 때문이기도 했다. 우리는 교회 생활과 교회 사역의 기본 요소들에 관해 생각이 깊고 연륜이 쌓인 목회자들이 교인들을 위해 쓴 짧

---

1) David E. Garland, *1 Corinthians*, Baker Exegetical Commentary on the New Testament (Grand Rapids: Baker Academic, 2003), 674.

고 읽기 쉬운 책이 필요하다. 이 시리즈가 바로 이런 우리의 필요를 채워 준다. 다시 말해, 교회가 마주하는 매우 긴급하고 실제적인 숱한 질문들에 지혜롭게 답해 준다.

장로교 개혁주의의 신학과 예배와 조직을 다루는 이 시리즈는 고린도전서 14장 40절을 연구하는 여러 권짜리 탐구서가 아니다. 그러나 이 시리즈가 바울의 명령을 마음에 두고 당당하게 쓰여진 것이라 기쁘다. 사실, 모든 교회가 어떤 식으로든 예배하고, 어떤 식으로든 기도하며, 어떤 식으로든 인도를 받고, 어떤 식으로든 틀을 갖추고, 어떤 식으로든 세례를 베풀고 주의 만찬을 행한다. 모든 교회가 어떤 식으로든 신학을 살아 내고 있다. 설령 그 신학이 성경의 원리가 아니라 실용주의에 기초하더라도 말이다. 우리가 교회에서 나누는 삶이 최고의 성경 해석과 신학과 역사적 고찰을 통해 빚어지길 원해야 하지 않겠는가? 생각이 없기보다 깊이 생각하길 원해야 하지 않겠는가? 우리가 함께 살아가는 삶에서 모든 것이 품위 있고 질서 있게 이루어지길 원해야 하지 않겠는가?

이것은 장로교 개혁주의의 방식이 아니다. 이것은 하나님의 방식이며, 장로교 개혁주의 그리스도인들은 이것을 잊지 말아야 한다.

케빈 드영(Kevin DeYoung)
노스캐롤라이나주 매슈스 소재 크라이스트 커버넌트 교회 담임목사

들어가는 글

신학은 중요하다

이 책은 단순한 두 확신에서 시작한다. 첫째, 우리가 하나님과 인간과 예배와 구원에 관해 무엇을 믿는지 아는 것이 중요하다. 단지 중요한 게 아니라 더없이 중요하다. 우리는 분명한 해답, 곧 삶에 관한 가장 큰 질문과 영원에 관한 가장 중대한 문제의 해답이 필요하다. 이 해답이 정답이어야 한다. 모든 것이 여기에 달려 있기 때문이다.

이러한 정답을 알고 분명하게 표현할 수 있다면 놀라운 힘을 가진 것이다. 우리는 우리가 무엇을 믿는지 분명히 하고 이것을 깊이 생각해야 할 뿐 아니라 우리가 믿는 바를 일관되게 제시하면서 그 내적 논리를 드러낼 수 있어야 한다. 조각들이 서로 딱 들어맞아야 한다. 이러한 명료함과 일관성은 우리의 삶을 안정되게 하고, 우리의 가정을 안정되게 하며, 우리가 세상에서 하는 증언을 안정되게 한다.

새내기 그리스도인이라면, 성경 전체의 기본 가르침을 파악하고 가장 크고 가장 근본적인 신학 질문들에 대해 답을 준비해 두는 게 중요하다. 꽤 오래된 그리스도인이라면, 자신이 어디에 서 있는지 알아야 하고 자신의 예배와 교제와 행동을 자신의 확신과 일치시켜야 한다. 기본적인 신학적 뼈대를 갖추는 게 필수다. 신학적 뼈대가 중요하다. 이것이 이 책의 기초가 되는 첫째 확신이다.

둘째 확신은 첫째 확신에 곧바로 이어진다. 개혁 신학은 복이다. 신학 체계를 복이라고 하니 이상하게 들릴 수도 있겠다. 개혁 신학에 선입견이 있다면 특히 더 이상하게 들릴 수도 있겠다. 그러나 이상하게 들리든 그렇지 않든 간에, 이것이 사실이라는 확신을 갖고 이 책을 썼다.

  어느 만화는 신학이 특별한 훈련을 받았거나 기독교 사역자의 소명을 받은 사람들만을 위한 것이라고 풍자한다. 때때로, 신학적 뉘앙스와 관련된 논쟁에 가장 관심이 많은 사람들이 인간 관계가 서툴러 보통 사람들과 교감하지 못하고 이들이 삶에 관해 품는 전형적 질문에도 공감하지 못하는 것 같다. 이것이 당신의 경험이거나 당신이 풍기는 인상이라면, 이 책은 더더욱 당신을 위한 것이다. 개혁 신학은, 바르게 이해되면, 신학적 사고와 상아탑에서 이뤄지는 사변 사이의 거짓 연합을 끊어 버린다. 위대한 초기 개혁 신학자 가운데 한 사람이 신학을 간단하게 "그리스도를 통해 하나님을 향하는 삶의 교리"라고 정의했다.[1] 이것은 하나님을 향하는 삶을 위한 신학이다. 삶에 관한 것이다.

그러므로 삶과 영원에 관한 가장 큰 질문의 해답을 찾고 있다면, 기독교 신앙이 그리고 이 신앙의 개혁주의적 표현이 그 해답을 제시한다. 이 해답은 일관되고 논리적이며 분명할 뿐 아니라 참이다. 이 해답은 모두 주 예수 그리스도와 그분이 하신 일에 집중된다. 이 해답은 그분에게서 찾아내고 그분의 말씀, 곧 성경을 통해 발견하는 진리다.

---

1) Petrus Van Mastricht, *Theoretical-Practical Theology*, vol. 1, trans. Todd M. Rester (Grand Rapids: Reformation Heritage, 2018), 8.

개혁 신학은 예수 그리스도를 중심으로 성경에 뿌리를 둔 채 하나님의 구원 사역을 처음부터 끝까지 보여줌으로써 성경 전체를 설명하려 한다. 개혁 신학은 인간에 대한 정직한 평가이고 구원의 본질에 관한 좋은 소식이다. 그뿐 아니라, 개혁 신학은 어떻게 성경이 우리를 개인적으로 교훈하는지 보여주며 우리가 어떻게 가정과 일터와 교회에서 일상의 삶으로 하나님을 예배하고 섬겨야 하는지 가르친다. 진리는 언제나 복이다. 그러나 개혁 신학의 진리는 특별한 생명과 명료함을 준다.

이것들을 소개하기 위해, 먼저 정의를 살펴보는 시간을 가져야 한다. 1장에서는 "개혁 신학이란 무엇인가?"라는 질문에 답하겠다. 그러고 나면 2, 3장에서 성경을 좀 더 세밀하게 살펴보면서 어떻게 이 모든 진리가 표현되고 전개되는지 알아볼 수 있을 것이다. 4장에서는 성경의 진리가 이렇게 표현될 때 우리에게 찾아오는 복을 살펴보겠다. 마지막으로, 이 시리즈의 형식을 따라 개혁 신학에 관한 일련의 질문에 답하겠다.

  신학은 중요하다. 신학을 명료하게 이해하고 설명하는 것은 더없이 중요하다. 성경 진리의 표현이 우리의 삶 전체에 영향을 미칠 것이다. 하나님의 진리가 우리의 생각을 변화시킬 때, 그 복은 그 어떤 예상도 초월한다.

1
개혁 신학이란 무엇인가?

개혁 신학(Reformed theology)이란 무엇인가? 우리의 교회가 개혁 교회(Reformed church)라거나 성경의 가르침을 제시한 그 무엇이 개혁주의적(Reformed)이라는 말이 무슨 뜻인가? 개혁 교회 교인들은 서로 "언제 개혁주의자가 되셨나요?"라고 하거나 "왜 개혁 교회를 찾으셨나요?"라고 묻는다.

그런데 이 질문들이 무슨 뜻인가? 이 질문들이 무엇을 향하는가? 이 질문들이 중요한가? 그렇다면, 우리는 이 질문들을 어떻게 이해하고 이 질문들에 어떻게 답해야 하는가?

이러한 일반적 질문들에 답하는 일이 놀랍도록 복잡할 수 있다. 부분적으로 '리폼드'(Reformed)라는 단어가 역사가 길고 여러 방식으로 사용되기 때문이다. 개혁 신학은 때로 엄격하게 역사적인 의미로 사용되고 때로 좀 더 신학적인 의미로 사용된다. 이것은 때로 엄밀하고 전문적이라는 뜻이지만 그 의미가 상당히 기본적일 때가 많다.

역사적 · 대중적 시각

가장 기본적으로, 개혁 신학이란 용어는 프로테스탄트 종교 개혁에서 비롯된 신학적 결론을 가리킨다. 마르틴 루터(Martin Luther), 울리히 츠빙글리(Ulrich Zwingli), 장 칼뱅(Jean Calvin) 같은 초기 종교 개혁자들은 중세에 형성한 로마 가톨릭 신학을 날카롭게 구체적으로 비판했다.

무엇보다도 종교 개혁자들은 로마 가톨릭의 예배가 비성경적이라고 믿었다. 다시 말해, 이들은 로마 가톨릭이 칭의의 본질과 개개인을 구원하는 믿음의 자리에 관해 가르치는 것을 받아들이지 않았다.

이들은 로마 가톨릭이 교황의 권위에 관해 내세우는 주장도 받아들이지 않았으며, 오직 성경이 교리 논쟁에서 최종 권위를 갖는다고 단언했다. 이들은 오직 하나님의 은혜를 통해 오직 믿음으로 구원받는다고 가르쳤다. 이들은 세례와 성찬의 장소와

의미에 관한 로마 가톨릭의 이해를 받아들이지 않았으며 그리스도께서 제정하신 이 두 중요한 성례에 대한 성경의 정의로 돌아갔다. 이것들은 역사적 관심사였으나 지금도 여전히 개혁주의의 중심에 자리한다.

프로테스탄트 안에서도 차이가 있었다. 루터와 그를 따르는 사람들은 칼뱅을 비롯한 유럽 종교 개혁자들과 다른 접근 방식을 취했다. 이러한 차이는 주로 성례와 예배에 집중되었고, 이 차이 때문에 루터교는 나머지 프로테스탄트와 구분되었다. 루터를 따른 사람들은 루터교도(Lutherans)로 알려지게 되었다. 나머지 종교 개혁자들을 따른 사람들은 전체적으로 개혁주의자(Reformed)라 불린다.

그러므로 역사적 시각에서 보면, 개혁 신학이란 프로테스탄트 종교 개혁에서 비롯되었으며 비루터교의 가르침을 담은 신학이다. 이 용어는 (많은 학술 문헌에서 사용되듯이) 이렇게 역사적 방식으로 사용될 때 일반적으로 개혁 교회들 및 교단들을 하나로 묶는 역사적 신앙 고백들 가운데 하나를 고수한다는 것도 의미한다.

대중적 용례에서, 개혁 신학은 흔히 이른바 '칼뱅주의 5대 교리'와 동일시된다.

1. 전적 부패(Total depravity): 인간은 아담의 죄 때문에 완전히 타락했다는 믿음.
2. 무조건적 선택(Unconditional election): 하나님이 자신이 구원하는 자들을 자신의 주권적 사랑으로, 이 사랑을 받는 자들의 그 무엇과도 무관하게 선택하신다는 믿음.
3. 제한적 속죄(Limited atonement): 그리스도의 죽음이 특정한 자를 위해 속전을 지불하며 그의 구원이 확실하다는 믿음.
4. 불가항력적 은혜(Irresistible grace): 하나님의 은혜가 의도한 결과가 구원받는 자들에게서 성취된다는 믿음.
5. 성도의 견인(Perseverance of the saints): 하나님이 그리스도 안에서 구원하시는 자들이 마지막까지 보존되리라는 믿음.

이 모든 믿음은 실제로 개혁주의 전통의 중요한 가르침이다. 이것들이 오늘날 알려진 두문자어 TULIP으로 구체적으로 정리된 것은 수세기가 지난 후였다. 그렇더라도 이것들은 1600년대 초 개혁주의 공동체에 침투한 거짓 선생들에 대한 대응으로 생겨난 것이었다.

이러한 칼뱅주의 5대 교리는 구원에 관한 성경의 핵심 진리를 잘 요약하기는 하지만 개혁 신학을 완전하게 요약하거나 정확하게 기술하지는 못한다.

오늘날 복음주의 교회에 속한 사람들이 개혁 신학이나 개혁됨(being Reformed)을 말할 때 역사에 덜 기초한 것을 의미하는 경우가 많다. 오늘날 누군가 개혁 신학을 고수한다고 할 때, 이것은 하나님의 주권적 은혜가 죄인들을 택하고 구원하는 데서 작동하고(예정론) 하나님의 말씀이 영감되고 무오하며 절대적 권위가 있음을 믿는다는 뜻일 때가 많다.

종교 개혁의 다섯 솔라

그러나 개혁 신학이란 용어를 정의하는 더 나은 방법들이 있다. 장 칼뱅을 비롯한 초기 개혁자들에게 개혁이란 단지 구원론에 관한 게 아니었다. 예배도 아주 중요한 의미가 있었다. 이 두 주된 관심사 외에도 믿음과 실천을 비롯해 개혁주의 가르침과 떼려야 뗄 수 없는 문제들이 있었다. 이 때문에 많은 사람이 개혁 신학을 정의할 때 '종교 개혁의 다섯 솔라(sola, '오직'이라는 뜻의 라틴어)'로 알려진 좀 더 완전한 출발점을 제안했다. 이는 **솔라 스크립투라**(*sola Scriptura*, 오직 성경), **솔라 피데**(*sola fide*, 오직 믿음), **솔라 그라티아**(*sola gratia*, 오직 은혜), **솔루스 크리스투스**(*solus Christus*, 오직 그리스도), **솔리 데오 글로리아**(*soli Deo gloria*, 오직 하나님의 은혜)이다.

함께, 이 다섯 단언은 프로테스탄트 종교 개혁의 핵심 관심사를 아주 분명하게 표현한다.

솔라 스크립투라

개혁주의 그리스도인들은 오직 성경만이 우리의 믿음과 행위의 최종 권위라는 것을 강조한다. 프로테스탄트 종교 개혁 당시, 중세 말기의 로마 가톨릭 교회는 성경이, 비록 영감되고 오류가 없더라도, 다른 형태의 권위, 곧 교회 전통과 교황의 공식 선언에 기초해 해석되어야 한다고 주장했다. 사실 이것은 성경 해석이 교회 전통과 교황의 가르침에 종속되었으므로 교회 전통과 교황의 가르침이 성경보다 더 큰 권위를 갖는다는 뜻이었다.

이러한 접근법은 교회에서 가르칠 수 있는 내용에 깊이 영향을 미쳤으며, 기능적으로 말하자면, 성경이 전혀 직접적으로 주목받지 못하는 교회를 낳았다. 일반 그리스도인들에게는 자신들의 언어로 번역된 성경이 없었고, 따라서 교회의 가르침에 맹목적으로 복종해야 했다. 성경 연구가 허용된 사제들조차 로마 가톨릭 교회의 기존 관습을 위협하는 가르침을 주지 못하도록 촘촘하게 감시받았다. 마르틴 루터가 파문당한 것은 상당 부분 그의 가르침이 로마 가톨릭의 기존 관습을 위협했기 때문이었다.

초기 개혁자들은 로마 가톨릭이 성경을 대하는 방식에 큰 오류가 있다고 주장했다. 근본적으로, 로마 가톨릭은 성경이 하나님의 말씀으로서 갖는 본질을 인정하지 않았다. 성경은 하나님의 감동으로 기록되었고, 오류가 없으며, 근본적으로 권위가 있다.[1] 이 진리를 훼손하는 것은 계시된 하나님의 말씀에 등을 돌리는 것이다. 초기 개혁자들은 로마 가톨릭이 성경을 대하는 방식에서 교회가 늘 믿었던 것이 왜곡되었다고 주장했다. 전통은 개혁자들 편이었고, 중세 말의 교회는 사도들과 초기 교회 지도자들의 믿음과 가르침을 떠났다.

오늘날, **솔라 스크립투라**(오직 성경) 원리는 신학과 예배가 언제나 성경에 기초해야 한다는 뜻이다. 오직 성경만이 믿음과 행위의 최종 판단자요 인도자다. 우리는 중세 말의 세상에 살고 있지 않으며, 따라서 성경의 권위를 대체하라고 우리를 유혹하는 것은 교황이나 교회 전통이 아닐 것이다. 대개 우리를 이렇게 유혹하는 것은 때로 우리 문화에서 성경보다 높은 권위를 가지려는 자들, 곧 사회학자들과 과학자들과 연예인들의 가르침이다. 대중문화의 가르침이 최종 권위일 때, 교회와 그리스도인은 성경에서 문화 엘리트의 권위와 충돌하지 않는 것만 믿을 것이다.

---

[1] 예를 들면, 다음을 보라. 시 19:7-10; 119:89; 요 10:35; 17:17; 딤후 3:16.

이것은 예배 문제에서 특히 중요하다. 앞서 보았듯이, 예배는 종교 개혁에서 매우 중요했다. 우리는 어떻게 하나님께 나아가야 하는가? 우리는 언제 어떤 방식으로 하나님께 나아가야 하는가? 우리는 하나님이 받으실 만한 게 무엇인지 어떻게 알 수 있는가? 개혁 신학은 하나님이 성경에서 이 모든 질문에 답하셨다고 가르친다. 오직 성경만이 우리 예배의 안내자이며, 따라서 성경의 가르침을 벗어난 관습은 그 어떤 것이라도 거부해야 한다.

교회 안에서, 어떤 사람들은 자신의 감정과 경험을 하나님의 말씀 위에 둔다. 이런 일이 종교 개혁 시대에도 일어나고 있었다. 이렇게 하는 사람들은 성경이 자신들의 바람이나 경험이나 개인적 성향과 충돌하지 않으면 성경을 따른다. 때로 감정과 성향이 깊이 느껴진다. 때로 여기에 초자연적 계시나 하나님과의 개인적 만남에 관한 주장이 포함된다. 어떤 경우든, 개인의 감정이나 경험이 최종 권위이며, 여기에 복종하라며 하나님의 말씀을 압박한다.

경쟁하는 권위가 무엇이든 간에, 교황이든 문화 엘리트든 사적 감정이든 간에, 솔라 스크립투라라는 개혁주의 교리는 오직 성경만이 최종 결정권을 가져야 한다고 단언한다. 성경은 유일무이하게 하나님의 영감된 증언이며, 역사 내내 그리스도인들은 오직 성경만이 우리의 가르침과 윤리적 결정과 예배 행위에 대해 권위를 갖는다는 것을 인정했다.

솔라 피데

개혁 신학은 인간이 본질적으로 하나님에게서 분리되어 있다고 가르친다. 성경은 이것을 분명히 말한다. 예를 들면, 사도 바울은 에베소 교회에 이렇게 편지한다.

> 그는 허물과 죄로 죽었던 너희를 살리셨도다 그때에 너희는 그 가운데서 행하여 이 세상 풍조를 따르고 공중의 권세 잡은 자를 따랐으니 곧 지금 불순종의 아들들 가운데서 역사하는 영이라 전에는 우리도 다 그 가운데서 우리 육체의 욕심을 따라 지내며 육체와 마음의 원하는 것을 하여 다른 이들과 같이 본질상 진노의 자녀이었더니(엡 2:1-3).

강력한 말씀이다. 바울은 모든 사람이 "하나님의 진리를 거짓 것으로 바꾸어 피조물을 조물주보다 더 경배하고 섬김이라 주는 곧 영원히 찬송할 이시로다"(롬 1:25)라고도 썼다. 구약의 예레미야 선지자도 우리의 상황을 똑같이 냉혹하게 평가한다. "만물보다 거짓되고 심히 부패한 것은 마음이라"(렘 17:9).

인간의 상태가 너무나 암담하기에 성경은 인간이 하나님의 호의를 얻기 위해 할 수 있는 게 전혀 없다고 가르친다. 인간이 할 수 있는 그 어떤 행위나 선행도 하나님의 호의를 끌어낼 수 없다는 것이다. 우리는 오직 믿음으로 구원받을 수 있다. 사도 바울은 이렇게 말한다.

> 모든 사람이 죄를 범하였으매 하나님의 영광에 이르지 못하더니 그리스도 예수 안에 있는 속량으로 말미암아 하나님의 은혜로 값없이 의롭다 하심을 얻은 자 되었느니라 이 예수를 하나님이 그의 피로써 믿음으로 말미암는 화목 제물로 세우셨으니… 자기도 의로우시며 또한 예수 믿는 자를 의롭다 하려 하심이라 (롬 3:23-26).

에베소서에서 바울은 인간이 본질상 진노의 자녀라고 말하고, 뒤이어 "너희는 그 은혜에 의하여 믿음으로 말미암아 구원을 받았으니"(엡 2:8)라고 말한다.

죄인들이 오직 믿음으로 의롭다 하심을 얻을 수 있다는 이 진리가 개혁자들에게 너무나 중요했기에 프로테스탄트 종교 개혁의 '질료인'(material cause)이라 불렸다. 개혁자들이 이 표현에서 의미했던 것은 '오직 믿음으로 의롭다 하심을 얻음'이라는 재료에서 종교 개혁이 나왔다는 것이다. 이것은 지금도 프로테스탄트와 로마 가톨릭 사이에서 논쟁의 대상이며, 개혁 신학의 핵심적 특징으로 남아 있다.

우리가 오직 믿음으로 구원받는다고 단언할 때, 이 말은 믿음이 우리가 그리스도 안에 있는 하나님의 약속을 붙잡는 도구라는 것이다. 우리는 우리의 행위나 우리의 세례나 우리의 교회 등록증이나 우리의 인종적 정체성을 통해 그리스도께 우리를 구원해 달라고 요구하는 게 아니다. 그러나 참 믿음은 선한 행위로 이어질 것이며 반드시 선한 행위로 이어져야 한다.

그리스도인에게서 일어나는 변화는 너무나 심오하며, 따라서 그리스도인에게서 맺히는 성령의 열매로 알아볼 수 있어야 한다. 그리스도인은 죄를 죽이고 새로운 습관을 들여야 하지만, 그리스도 안에 있는 구원의 약속을 오직 믿음으로 붙잡아야 한다.

솔라 그라티아

솔라 피데(오직 믿음)가 프로테스탄트 종교 개혁에서 핵심 역할을 했으며, 이 때문에 우리는 개혁 신학을 요약하면서 솔라 스크립투라(오직 성경)에 바로 뒤이어 솔라 피데를 언급한다. 그러나 의미심장하게도, **솔라 피데**는 **솔라 그라티아**(오직 은혜)의 빛에서만

이해될 수 있다. 오직 믿음으로 구원받는다고 가르치는 주요 성경 구절들이 또한 오직 하나님의 은혜가 우리를 구원한다는 것을 강조하기 때문이다.

예를 들어, 에베소서 2장 8절을 보라. 이 구절은 믿음으로 구원받는다는 것을 분명히 한다. 그러나 이러한 인정은 모든 구원이 하나님의 은혜로 온다는 사실을 상기시키는 것들에 에워싸여 있다. "너희는 그 은혜에 의하여 믿음으로 말미암아 구원을 받았으니 이것은 너희에게서 난 것이 아니요 하나님의 선물이라"(엡 2:8).

구원을 믿음으로 얻는다. 그러나 그 믿음까지도 하나님의 선물이다. 모든 구원은 은혜로 온다. 이것은 죄인이라는 우리의 본래 신분을 기억할 때 강조된다.

우리 가운데 그 누구도 하나님의 호의를 벌지 못한다. 우리는 절대로 행위로 의롭다 하심을 얻을 수 없다. 우리는 하나님 앞에서 무기력하며, 따라서 우리가 그분께 받는 모든 것이 선물이다. 오직 은혜다.

이 부분이 우리가 예정론을 살펴볼 수 있는 곳이기도 하다. 정확하게도, 많은 사람이 예정론을 개혁 신학과 연결하기 때문이다. 개혁 신학자들은 하나님의 선택을 강조한다. 하나님의 선택이 성경적이기 때문일 뿐 아니라(*sola Scriptura*) 모든 구원이 하나님의 일이라는 것을 너무나 분명하게 보여주기 때문이다(*sola gratia*). 간단히 말해, 예정론은 하나님이 구원하는 자를 직접 선택하신다는 성경의 진리를 가리킨다.

에베소서 1장에서 바울은 이렇게 말한다. "[하나님이] 사랑 안에서…그 기쁘신 뜻대로 우리를 예정하사 예수 그리스도로 말미암아 자기의 아들들이 되게 하셨으니…그의 은혜의 영광을 찬송하게 하려는 것이라"(엡 1:4-6). 로마서 9장에서 바울은 "택하심을 따라 되는 하나님의 뜻이 행위로 말미암지 않고 오직 부르시는 이로 말미암아 서게 하려 하사"(롬 9:11)라고 말한다.

바꾸어 말하면, 하나님의 선택에 관한 가르침은 그리스도인들이 스스로를 구원하지 않는다는 것을 아주 분명하게 드러낸다. 하나님이 우리를 선택하셨으며, 따라서 우리의 구원에서 하나님의 영광이 드러나고 하나님의 은혜가 확대될 것이다.

그러므로 우리는 하나님을 더욱 찬양하고 더욱 신뢰해야 한다. 구원은 하나님의 일이며, 따라서 하나님이 완성하실 것이다. 구원은 우리의 나약한 노력이 아니라 은혜에 달려 있으며, 따라서 하나님이 시작하신 일을 하나님이 이루시리라 확신할 수 있다(빌 1:6을 보라).

솔루스 크리스투스

프로테스탄트 종교 개혁자들과 로마 가톨릭 교회가 그리스도의 본성을 보는 시각은 일치한다. 이들은 예수 그리스도가 성육하신 하나님의 아들이고, 참으로 하나님이요 참으로 인간이며, 두 본성(신성과 인성)이 연합된 하나의 위격이라고 단언한다. 그리스도는 예배하고 섬겨야 할 대상이다. 종교 개혁자들뿐 아니라 로마 가톨릭도 성육하신 그리스도께서 동정녀에게서 나셨고, 십자가에 달려 돌아가셨으며, 죽은 자 가운데서 다시 살아나 승천하셨다는 것을 논박하지 않았다.

루터를 비롯한 종교 개혁자들과 중세 말의 로마 가톨릭 교회가 서로 이견이 있었던 것은 그리스도께서 어떻게 다스리시는가, 그리스도께서 어떻게 자신의 혜택을 자신의 교회에 주시는가, 그리스도를 어떻게 예배해야 하는가, 그리스도의 죽음이 죄인 개개인과 관련해 하나님의 공의를 어떻게 완전히 만족시키는가 하는 부분이었다.

우리가 살펴본 모든 솔라가 그러하듯이, 여기서도 '오직'이 매우 중요하다. 로마 가톨릭 교회는 예수 그리스도가 중요하고 중심이라는 것을 부정하지 않았다. 그러나 자신들의 관습에서, 로마 가톨릭 교회는 그리스도의 대속 제사가 최종적이며 한 번으로 영원히 유효하다(once-for-all)는 것을 부정했다. 이들은 미사에서 그리스도께서 죄를 사하는 화목 제물로 "피 흘림이 없이" 드려진다고 가르쳤고 계속 가르친다.[2] 로마 가톨릭 교회는 또한 그리스도의 은혜에서 비롯된 혜택이 성례를 통해 전달되며 미사에서 그리스도의 몸과 피가 물리적으로 현존한다고 가르쳤다. 이것은 오직 믿음으로 얻는 구원의 은혜로운 본질과 상충했을 뿐 아니라 그리스도께서 하늘에 물리적인 몸으로 현존하신다는 사실과도 맞지 않았다.

솔루스 크리스투스의 원리는 권위의 문제와도 연결된다. 오직 그리스도만이 교회의 머리이며, 자신의 권위를 자신의 말씀을 통해 행사하시는가? 아니면 땅에 그리스도의 대리자, 곧 하나님과 인간 사이의 또 다른 중보자가 있는가? 더 나아가, 우리는 오직 그리스도를 통해 하나님께 기도하는가? 아니면 마리아를 비롯해 세상을 떠난 다른 그리스도인들이 우리와 하나님 사이의 또 다른 중보자인가?

'오직 그리스도'의 원리가 확립되면 성경을 이해하고 설교하는 방식이 달라진다. 사도 바울은 이렇게 썼다. "내가 너희 중에서 예수 그리스도와 그가 십자가에 못 박히신 것 외에는 아무것

---

[2] 가톨릭 교회 교리서 1367항은 이렇게 말한다. "그리스도께서 바치신 희생 제사와 성찬례의 희생 제사는 동일한 제사이다. …'십자가 제단 위에서 단 한 번 자기 자신을 피 흘려 봉헌하신 저 그리스도께서 똑같은 제사를, 미사로 거행되는 이 신적 희생 제사에서 피 흘림 없이 제헌하고 계시기 때문에…이 희생 제사는 참으로 속죄의 제사이다.'"

도 알지 아니하기로 작정하였음이라"(고전 2:2). 설교할 때 '오직 그리스도'를 믿음의 대상으로, 교회의 통치자로, 부활하시고 승천하신 신인(God-man)으로 선포하는 것이 개혁 신학의 하나 되게 하는 원리였으며 지금도 다르지 않다.

솔리 데오 글로리아

다섯 솔라의 마지막은 앞서 나온 넷의 자연스러운 결과다. 개혁 신학은 삶의 전부를 하나님의 영광에 비추어 이해해야 한다고 말한다. 우리의 사고가 개혁주의적이라는 것은 하나님 중심이라는 뜻이다. 우리는 우리의 구원이 하나님에게서 비롯되며 우리의 존재까지도 하나님의 선물이라는 것을 인정한다. 우리의 구원을 하나님 외에 그 누구에게 돌리거나 그분 외에 그 무엇이나 그 누구라도 예배한다면 하나님의 이름에 합당한 영광을 그분에게서 탈취하는 것이다.

성경은 우리에게 일깨운다. "우리가 그[하나님을]를 힘입어 살며 기동하며 존재하느니라"(행 17:28). 성경은 그리스도께서 그분의 능력의 말씀으로 만물을 붙드신다고 가르친다(히 1:3). 그러므로 "먹든지 마시든지 무엇을 하든지 다 하나님의 영광을 위하여 하라"(고전 10:31)가 우리의 삶을 이끄는 원리여야 한다.

언약

다섯 솔라를 넘어, 개혁 신학은 늘 언약 신학과 거의 동일시되었다. 성경에서 하나님은 연이은 언약을 통해 그분의 구원 목적을 이루신다.

앞으로 살펴보겠지만, 언약은 두 진영 간의 계약으로 의무와 약속과 책임을 수반한다. 사실, 성경은 무엇보다 중요한 영원한 언약을 말하며(히 13:20), 이 언약의 중심에 그리스도의 십자가가 있다. 언약은 우리가 하나님이 그리스도 안에서 하시는 일과 역사 내내 그분의 백성을 어떻게 대하시는지를 이해할 수 있게 하는 성경적 틀을 제시한다.

성경과 그리스도인의 삶에서 언약 구조가 중심이라는 것은 얼마든지 강조해도 괜찮으며, 성경에서 이 중심 주제는 파급력이 상당하다. 실제로, 이것은 단지 예정을 강조하거나 심지어 칼뱅주의 5대 교리를 강조하는 것만으로는 개혁주의 그리스도인이라는 게 무슨 뜻인지 제대로 제시할 수 없는 이유 가운데 하나다. 개혁 신학은 성경 전체를 아우르는 신학이며, 언약은 구약과 신약의 통일성을 보여주는 성경적 틀이다.

신앙 고백

마지막으로, 활기차고 지속력 있는 개혁주의 전통들은 모두 자신의 신념을 문자로 표현한 신앙 고백이 있다. 뛰어난 개혁주의 신앙 고백들 중에 벨기에 신앙 고백, 하이델베르크 요리 문답, 도르트 신조, 그리고 웨스트민스터 신앙 고백이 가장 유명하다. 앞의 셋은 합쳐 '일치하는 세 신앙 고백서'(Three Forms of Unity)라 부르고 있으며, 웨스트민스터 신앙 고백은 자체의 교리 문답서(소요리 문답과 대요리 문답)가 있다.

초기부터, 개혁주의 그리스도인들은 개혁 신학이 신앙 고백으로 표현되리라고 보았다. 그러므로 개혁주의자라는 말은 신앙을 고백한다는 뜻이고, 개혁 교회 구성원이란 말은 이러한 역사적 신앙 고백들 가운데 하나를 고백하고 가르치며 따르는 교회에 속한다는 뜻이다. 4장에서 이 부분을 자세히 살펴보겠다.

개혁주의와 개혁 신학을 정의하는 것은 단순한 일이 아니다. 그러나 우리의 목적에 맞게 이렇게 정의할 수 있겠다. 개혁 신학이란 (1) 다섯 솔라와 그 모든 함의를 단언하고 (2) 하나님의 구원 목적에서 언약이 중심이라는 것을 인정하며 (3) 역사적·공적 신앙 고백으로 표현되는 신학이다.

이 정의를 염두에 두면, 한 걸음 더 나아가 이 핵심들에 관한 성경의 가르침을 살펴보고 개혁자들이 소중히 여긴 이러한 진리가 하나님의 백성에게 어떻게 큰 복인지 볼 수 있다.

더 깊은 묵상을 위한 질문

1. 개혁 신학 같은 용어들을 이해하는 게 왜 중요한가? 이러한 용어들이 어디서 어떻게 사용되는지 들어 본 적이 있는가?
2. 왜 다섯 솔라가 구원에 관한 성경의 가르침에 대한 유용한 요약인가? 다섯 솔라가 무엇이라도 중요한 것을 빠뜨렸는가? 다섯 솔라는 어떤 성경적 질문을 제기하는가?
3. 왜 신조와 신앙 고백이 교회의 건강에 필수인가? 신조와 신앙 고백이 어떤 방식으로 우리를 보호하는가?

# 2
성경과 하나님의 주권

앞 장에서, 개혁 신학을 어떻게 정의해야 하는가를 살펴보았고, 이제 진실성의 문제로 넘어가야 한다. 우리가 정의한 그대로 개혁 신학은 참인가?

이 질문의 답은 성경 자체에서 찾아야 한다. 우리가 앞 장에서 확인한 믿음들을 성경이 뒷받침하지 않는다면, 이것들은 핵심 신념들, 곧 우리의 신학적 정체성을 도출하는 근원일 수 없다. (기억하라. 이러한 핵심 신념들 중 하나는 오직 성경만이 우리의 최종 판단자라는 것이다!) 그러나 이것들이 성경에 있음을 확인한다면, 그리고 이것들이 우리가 신학적 논의와 논쟁에 어떻게 참여해야 하는지 보여주는 성경적 증거의 중심이라면, 이것들을 반드시 붙잡아야 한다. 그뿐 아니라, 이것들을 기뻐해야 한다.

2장에서는 성경의 첫 몇 장까지도 개혁 신학의 씨를 담고 있음을 보게 될 것이다. 또한 성경이 하나님의 주권과 그 의미에 대해 뭐라 말하는지 살펴볼 것이다. 그러나 먼저 매우 중요한 질문에 답해야 한다.

왜 성경이 그렇게 중요한가?

우리들 각자가 반드시 답해야 하는 가장 중대한 질문 가운데 하나는 우리가 가진 권위의 근원과 관련이 있다. 우리는 어떻게 하나님을 아는 참 지식에 이를 수 있는가? 우리는 무엇에 이끌려 삶에 관해 결정하고 현실에 관해 생각하는가? 우리는 도덕적 질문들에 대한 결정적인 답을 찾아 어디로 향하는가?

성경은 오직 자신만이 이러한 권위를 준다고 분명하게 말한다. 다윗은 하나님의 말씀에 관해 이렇게 말한다.

> 여호와의 율법은 완전하여 영혼을 소성시키며
> 여호와의 증거는 확실하여 우둔한 자를 지혜롭게 하며
> 여호와의 교훈은 정직하여 마음을 기쁘게 하고
> 여호와의 계명은 순결하여 눈을 밝게 하시도다(시 19:7-8).

다른 시편들도 숱하게 이러한 표현을 되풀이한다. 더 나아가, 신약성경에서 사도 바울은 이렇게 말한다. "모든 성경은 하나님의 감동으로 된 것으로 교훈과 책망과 바르게 함과 의로 교육하기에 유익하니"(딤후 3:16). 성경은 자신의 권위와 충족성과 유용성을 분명하게 말한다.

그러나 어쩌면 이것이 순환 논법으로 보일는지 모른다. 어쨌든, 단지 성경이 스스로 권위 있다고 주장한다는 사실이 성경이 그렇게 존중받아야 마땅하다는 뜻은 아니다.

이 시점에서, 성경이 역사적 정확성과 성취된 예언과 내적 일관성과 삶을 변화시키는 능력이라는 형태로 자신의 진실성을 증명하는 방식들을 살펴볼 수 있겠다.

그러나 그리스도인들에게는 예수 그리스도의 증언도 있다. 거듭거듭 예수님은 자신이 성경을 더없이 존중한다는 것을 분명히 하셨다. 예수 그리스도께서 가장 유명한 설교에서 이렇게 말씀하셨다.

> 내가 율법이나 선지자를 폐하러 온 줄로 생각하지 말라 폐하러 온 것이 아니요 완전하게 하려 함이라 진실로 너희에게 이르노니 천지가 없어지기 전에는 율법의 일점일획도 결코 없어지지 아니하고 다 이루리라 그러므로 누구든지 이 계명 중의 지극히

작은 것 하나라도 버리고 또 그같이 사람을 가르치는 자는 천국에서 지극히 작다 일컬음을 받을 것이요 누구든지 이를 행하며 가르치는 자는 천국에서 크다 일컬음을 받으리라(마 5:17-19).

예수님이 하신 나머지 사역의 메시지도 다르지 않았다. 예수님은 성경이 가장 작은 부분들까지 정확하다고 가르치셨다. 그분은 성경이 아담과 하와 이야기, 노아 홍수, 요나 이야기에서 역사적으로 정확하다고 보셨다(마 19:3-4; 눅 17:26-27; 마 12:40).

가장 섬세한 논증 가운데 하나에서, 예수님은 구약에 사용된 한 히브리어 동사의 시제에 기초해 자신의 해석을 펼치셨다(마 22:32). 죽음이 가까웠을 때, 제자들이 그분의 임박한 죽음과 그 의미를 알지 못하자, 예수님은 그들에게 성경을 들이대셨다. "너희가 성경에 건축자들이 버린 돌이 모퉁이의 머릿돌이 되었나니 이것은 주로 말미암아 된 것이요 우리 눈에 기이하도다 함을 읽어 본 일이 없느냐"(마 21:42).

가장 큰 고난을 당하시는 순간에도, 곧 십자가에 달리셨을 때도, 성경이 예수님의 입술에 있었다. 예수님이, 심지어 압박을 받으며, 취하신 행동 하나하나가 성경을 성취했다. 심지어 죽으시면서까지, 예수님은 행동으로 선언하셨다. 성경은 폐할 수 없다고.

죽어 부활하신 후, 바로 이 시점에서, 예수님은 가까운 제자들을 꾸짖으셨다.

> 이르시되 미련하고 선지자들이 말한 모든 것을 마음에 더디 믿는 자들이여…이에 모세와 모든 선지자의 글로 시작하여 모든 성경에 쓴 바 자기에 관한 것을 자세히 설명하시니라(눅 24:25, 27).

이 모두는 말한다. 그리스도인이라면, 진정으로 예수 그리스도를 믿고 따른다면, 성경에 관한 전통적 기독교의 가르침을 붙잡아야 한다. 성경이 우리의 최종 권위, 우리의 최고 법원이어야 한다. 바로 우리가 그리스도를 섬기기 때문이다. 이런 맥락에서, 성경이 여러 차례 그리스도의 말씀으로 언급된다는 것은 특히 주목할 만하다(롬 10:17; 골 3:16).

우리는 성경을 따름으로써 그리스도께 순종한다. 우리가 전통이든 우리 시대 엘리트 계층의 의견이든 우리의 개인적 선호든 간에 무엇이라도 권위의 자리에 둔다면 예수 그리스도를 욕되게 하고 그분을 따르는 이라면 반드시 가야 하는 길을 벗어나는 것이다.

그러므로 우리는 앞 장에서 살펴본 믿음들을 성경에 기초해 살펴보고 참인지 아닌지 판단해야 한다. 이렇게 하면서, 이것들이 우리의 구원 이해, 곧 구원은 오직 은혜로, 오직 믿음을 통해, 오직 그리스도 안에서 얻으며, 오직 하나님의 영광을 위한 것이라는 이해의 중심인지 살펴볼 것이다.

창세기에서 알 수 있는 것들

창세기, 특히 창세기의 첫 몇 장에 우리가 앞 장에서 대략 살펴본 기본 요소가 대부분 담겨 있다. 물론, 창세기에는 이보다 훨씬 많은 것이 있으며, 우리가 대략 살펴본 진리 가운데 어떤 것은 성경 뒷부분에서 훨씬 자세하게 다뤄진다. 그러나 성경이 우리의 권위이므로 성경이 시작하는 곳에서 시작하겠다.

성경은 창조에서 시작한다. 창세기는 어떻게 하나님이 천지를 창조하셨는지 들려주는 기사로 시작한다. 창조 기사는 하나님이 남자와 여자를 자신의 형상으로 창조하시고 일곱째 날 안식하시는 데서 절정에 이른다. 뒤이어 하나님이 사람을 창조하신 방법과 하나님이 이들을 두신 첫 환경이 더 자세하게 그려진다.

창조에 관한 이러한 세세한 부분들이 처음에는 평범해 보일 수 있다. 또는 현대 과학의 진화론과 관련된 질문들에 선점당한 채 이 세세한 부분들을 읽을 수도 있다. 이 질문들은 하나님 말씀의 진실성과 관련이 있기 때문에 이것들을 정면으로 돌파하는 것이 매우 중요하다. 그러나 이것들은 이 책의 짧은 연구의 범위를 벗어난다. 대신에, 우리는 오직 하나님만이 만물의 창조자라는 데 즉시 주목해야 한다. 하나님이 처음부터 만물을 주관하시며, 그분의 말씀이 생명을 주고 인간 존재를 다스리는 도구로 사용된다.

이것은 절대 작은 일이 아니다. 이것은 앞 장에서 살펴본 솔라(sola) 가운데 몇몇과 직접 연결된다. 창세기 1장에서 하나님은 천지를 창조하실 때 그분의 말씀으로 창조하신다. '하나님이 이르시되'라는 어구가 거듭 되풀이된다. 하나님이 선포하시니 그분이 선포하시는 바로 그것이 생겨난다. 하나님의 말씀은 참이며, 하나님의 말씀은 강력하다.

창세기 2장에서 하나님이 아담에게 명령을 내리실 때 그분의 말씀의 권위가 이미 확립되어 있다. 어떤 의미에서, 하나님은 아담에게 이렇게 말씀하시면서 작은 성경을 주신다. "동산 각종 나무의 열매는 네가 임의로 먹되 선악을 알게 하는 나무의 열매는 먹지 말라 네가 먹는 날에는 반드시 죽으리라"(창 2:16-17). 아담의 언약적 책임은 분명하다. 그는 하나님의 권위 있는 말씀, 곧 하나님이 그를 비롯해 만물을 창조하실 때의 도구였던 강력하고 생명을 주는 바로 그 말씀의 지배를 받아야 한다. 오직 하나님의 말씀만이 아담과 그의 뒤를 이은 모든 사람을 다스릴 권위가 있었다.

아담이 하나님의 명령에 불순종해 에덴동산에서 죄를 지을 때, 하나님이 경고하셨듯이 재앙이 닥친다. 창세기 3장의 거의 모든 구절이 아담과 하와의 죄가 세상에 미치는 영향을 기록한다. 아담과 하와의 죄가 세상을 바꿔 놓는다. 죄는 모든 것을 바꿔 놓는다. 안으로 이들의 마음을 바꿔 놓으며 밖으로 이들의 주변 환경을 바꿔 놓는다.

금단의 열매를 먹은 직후, 아담과 하와는 벌거벗은 자신들의 모습에 큰 수치심을 느낀다. 죄를 짓기 전에는 전혀 경험하지 못했던 감정이다(창 3:7을 보라). 이 수치심 때문에, 이들은 스스로를 가리려 한다. 엎친 데 덮친 격으로, 이들은 곧바로 하나님을 피해 숨으려 한다. 하나님이 이들의 창조자이며 이들에게 풍성한 복을 주셨는데도 말이다(창 3:8을 보라). 이들이 하나님을 대하는 자세가 완전히 달라졌다. 이들은 이제 하나님을 원수로 보고 그분의 임재를 피해야 할 대상으로 본다.

이들이 서로를 대하는 자세도 달라진다. 창세기 2장 끝에서 아담은 사랑과 고마움을 담아 하와를 가리켜 "이는 내 뼈 중의 뼈요 살 중의 살이라"(창 2:23)라고 했다. 그러나 타락 후, 아담은 태도가 달라지며 죄가 세상에 들어온 것을 하와의 탓으로 돌린다. "하나님이 주셔서 나와 함께 있게 하신 여자 그가 그 나무 열매를 내게 주므로 내가 먹었나이다"(창 3:12).

아담이 하와에게 책임을 전가한 것은 그가 하나님 앞에서 자신의 죄를 자백하고 회개할 의지가 없었음을 드러낸다. 아담이 자신의 아내를 탓한다는 사실도 충격이다. 아담은 앞서 자신의 입으로 표현했던 사랑 가득한 감사를 표현하기는커녕 하와를 하나님에게서 비롯된 저주이자 자신이 겪는 문제의 근원으로 본다.

이 패턴은 아담의 후손들에게서도 계속된다. 아담의 맏아들 가인은 하나님을 거부하는 살인자다. 가인의 후손들은 훨씬 나쁘다. 성경은 몇 장 뒤에서 이렇게 말한다. "여호와께서 사람의 죄악이 세상에 가득함과 그의 마음으로 생각하는 모든 계획이 항상 악할 뿐임을 보시고"(창 6:5). 인간의 타락에 관해, 이보다 포괄적인 선언은 거의 있을 수 없을 것이다. 이것은 세대가 거듭될수록 커져 가는 내면의 문제다.

인간의 타락과 그 즉각적 결과에 관한 기록은 읽기가 거북하다. 그러나 우리와 관련된 진실이며 필요한 나쁜 소식을 전하는 중에도, 성경은 놀랍도록 좋은 소식도 전한다. 아담과 하와가 반역한 후, 하와를 현혹하고 아담을 유혹해 죄를 짓게 한 뱀을 하나님이 저주하신다. 하나님이 사탄에게 말씀하신다. "내가 너로 여자와 원수가 되게 하고 네 후손도 여자의 후손과 원수가 되게 하리니 여자의 후손은 네 머리를 상하게 할 것이요 너는 그의 발꿈치를 상하게 할 것이니라"(창 3:15).

창세기가 계속되면서, 우리는 이 말씀의 놀라운 의미를 알게 된다. 하나님은 뱀을 멸할 후손 또는 씨를 일으키겠다고 약속하셨다. 하나님의 말씀에 맞섰던 자를 여자의 후손으로 오실 분이 쓰러뜨릴 것이다. 신학자들은 때로 이 약속을 첫 복음이라 부른다. 창세기 첫 몇 장에 나오는 이 약속에서, 우리는 하나님의 좋은 소식, 그분의 메시아가 와서 죄와 사탄에게 치명타를 날리실 거라는 소식을 듣기 때문이다.

창세기 첫 몇 장에 나오는 내용이 개혁 신학의 첫 개요를 제시한다. 모든 요소가 전부 다 분명하고 세세하게 나타나지는 않지만 틀은 분명하다. 하나님은 주권적 창조자이며 만물을 주관하신다. 하나님의 말씀이 믿음과 행위의 규범이다. 인간은 타락한 죄인이며, 하나님을 기쁘시게 할 수 없고 그럴 의지도 없으며, 스스로를 구원할 수 없다. 하나님은 그분의 백성을 구원하겠다 약속하셨고, 한 인간 중보자를 통해 그 약속을 이루실 터인데, 오직 이 중보자만이 죄와 사탄을 이기고 구원을 성취하기에 적합하다.

모든 것에 미치는 하나님의 주권

지금껏 살펴보았듯이, 하나님이 만물의 창조자라는 단순한 사실에서 그분의 주권이 분명해진다. 사실, 사도 바울은 하나님의 보이지 않는 속성들이 창조 이후 드러나 보이게 되었다고 말한다. 그는 이렇게 썼다. "이는 하나님을 알 만한 것이 그들 속에 보임이라 하나님께서 이를 그들에게 보이셨느니라 창세로부터 그의 보이지 아니하는 것들 곧 그의 영원하신 능력과 신성이 그가 만드신 만물에 분명히 보여 알려졌나니"(롬 1:19-20).

창조는 오직 하나님만이 주관하시며 오직 하나님만이 순종과 충성을 요구할 권리가 있다는 것을 보여준다. 하나님의 구원 약속은 하나님이 현재와 과거뿐 아니라 미래까지 주관하신다는 것을 보여준다. 하나님은 어떤 일이 일어나리라고 약속하실 수 있으며, 그 약속의 성취가 보장된다.

이 진리는 성경의 숱한 구절에서 선포되고 드러난다. 예를 들면, 에베소서 1장에서 바울은 하나님이 구원에서 하시는 일을 말하고 구원을 하나님의 전적 주권의 틀 안에 두면서 구원이 "모든 일을 그의 뜻의 결정대로 일하시는 이의 계획을 따라"(엡 1:11) 이루어진다고 쓴다. 하나님이 이사야 선지자를 통해 선언하신다. "나는 하나님이라 나 외에 다른 이가 없느니라 나는 하나님이라 나 같은 이가 없느니라 내가 시초부터 종말을 알리며 아직 이루지 아니한 일을 옛적부터 보이고 이르기를 나의 뜻이 설 것이니 내가 나의 모든 기뻐하는 것을 이루리라"(사 46:9-10). 고대 세계의 위대한 지도자 가운데 하나였던 느부갓네살이 하나님의 주권을 잘 요약했다. "하늘의 군대에게든지 땅의 사람에게든지 그는 자기 뜻대로 행하시나니 그의 손을 금하든지 혹시 이르기를 네가 무엇을 하느냐고 할 자가 아무도 없도다"(단 4:35).

하나님의 주권에 관한 이러한 진리는 개혁 신학의 체계를 떠받치는 기초다. 하나님의 주권은 우주를 포함한 모든 창조 세계뿐 아니라 개개인의 개인적이며 겉보기에 비공개적인 행동에까지 미친다(다음을 보라. 시 139편; 잠 19:21). 하나님의 주권은 모든 것에 미친다.

하나님의 주권은 우리의 구원에 필수다

이제껏 보았듯이, 인간은 하나님에게서 달아나려는 성향이 있다. 하나님의 주권이 창조 세계에 분명하게 나타난다. 성경은 그런데도 사람들이 자신들의 불의로 진리를 막는다고 가르친다(롬 1:18).

육적인 상태의 인간은 죄를 지으려는 기본 성향을 극복할 수 없을 뿐 아니라 하나님의 개입이 없으면 하나님께로 돌아설 수도 없다. 그에게는 하나님의 말씀조차 어리석은 것처럼 보인다. "육에 속한 사람은 하나님의 성령의 일들을 받지 아니하나니 이는 그것들이 그에게는 어리석게 보임이요, 또 그는 그것들을 알 수도 없나니 그러한 일은 영적으로 분별되기 때문이라"(고전 2:14). 다른 곳에서 바울은 이렇게 말한다. "육신의 생각은 하나님과 원수가 되나니 이는 하나님의 법에 굴복하지 아니할 뿐 아니라 할 수도 없음이라 육신에 있는 자들은 하나님을 기쁘시게 할 수 없느니라"(롬 8:7-8).

이런 까닭에, 개혁주의 그리스도인들은 만물에 대한 하나님의 주권을 아주 강하게 강조한다. 성경은 하나님이 우리 삶의 주권자가 아니라면(예를 들어, 우리가 말하거나 행하는 모든 것을 우리가 통제한다면) 우리는 구원받을 희망이 없다고 가르친다. 예수님이 제자들에게 주신 가르침과 같다. "나를 떠나서는 너희가 아무것도 할 수 없음이라"(요 15:5).

하나님의 주권 개념은 몇몇 진영에서 논쟁거리다. 이것은 어느 정도 당연하다. 앞에서 보았듯이, 육적인 상태의 인간은 하나님의 능력에 관한 진리를 억압하며, 우리는 우리의 삶을 우리의 창의성이나 전문성의 증거로 보는 것이 더 쉬울 때가 많다.

성경을 읽고 하나님을 안다고 주장하는 사람들조차 다수가 자신의 구원 이야기를 자신의 결단과 바람과 추론이 핵심 역할을 하는 이야기로 본다. 그러나 앞에서 보았듯이, 이것은 심각한 오해다. 다시 말해, 우리 자신의 본성(타락하고 죄악된 본성)과 하나님이 누구신지(창조자요 주권자)에 대한 심각한 오해다.

우리의 구원과 관련해, 성경은 하나님이 모든 영광을 받으셔야 마땅하다고 가르친다. 하나님은 아들의 죽음을 통해 죄를 대속하는 제물을 주실 뿐 아니라 선택을 통해 그분께 반역한 죄인들에게 주권적으로 자비를 베푸셨다.

선택 교리

선택 교리는 하나님이 구원받을 개개인을 선택하신다고 가르친다. 많은 사람이 개혁 신학의 특징을 생각할 때 곧바로 선택 교리를 떠올린다. 어떤 사람들은 선택 교리가 칼뱅(Jean Calvin)에게서 비롯되었다고 보지만 그렇지 않다. 어떤 사람들은 선택 교리가 자신들의 신학을 개혁주의로 정의하는 사람들과 그러지 않는 사람들을 나누는 주요 경계선이라고 주장하며, 하나님의 선택을 가르치는 누구에게나 '개혁주의'라는 표식을 붙인다. 우리는 개혁 신학이 여기서 훨씬 더 나아간다는 것을 살펴보았다. 그렇더라도 선택이 중추적 역할을 한다는 사실은 그대로다. 구원과 관련된 숱한 주요 진리처럼, 선택도 창세기에서 처음 등장하며 성경 뒷부분에서 훨씬 분명하게 전개된다.

앞에서 보았듯이, 창세기는 하나님이 주권적 창조자이며 모든 인간이 타락했음을, 하나님에게서 멀어졌고 유죄임을 분명히 한다. 이러한 죄책과 죄는 창세기가 전개될수록 더욱 뚜렷해진다. 그렇지만 하나님이 하신 약속, 그분의 백성을 구속하기 위해 한 후손을 주시겠다는 약속은 그대로다.

창세기 12장에서 하나님이 아브라함이라 부르시는 한 사람을 선택해 그에게 의미 있는 언약의 약속을 하시면서 그분의 약속이 더 구체화된다. 우리가 알듯이, 아브라함은 세상을 향한 하나님의 계획에서 꼭 필요한 존재다. 그러나 자주 고려되지 않는 사실이 있다. 모든 사람처럼, 아브라함도 하나님께 등을 돌린 사람이었다는 것이다.

하나님은 아브라함에게 하셨던 약속을 나중에 이스라엘 민족에게 말씀하실 때, 아브라함을 영광되게 하시거나 그에게 있을지 모를 그 어떤 타고난 선도 강조하지 않으신다. 대신에, 아브라함이 먼 땅에서 우상을 숭배하던 자였다는 사실을 강조하신다. "옛적에 너희의 조상들 곧 아브라함의 아버지, 나홀의 아버지 데라가 강 저쪽에 거주하여 다른 신들을 섬겼으나 내가 너희의 조상 아브라함을 강 저쪽에서 이끌어 내어"(수 24:2-3). 하나님이 아브라함을 구원하신 것은 그분의 선택이었다. 하나님은 아브라함을 구원받도록 선택하셨다.

하나님이 이스라엘 민족 가운데서 하신 일도 마찬가지다. 신명기에서 모세는 이스라엘 백성에게 하나님의 선택을 말한다.

> 네 하나님 여호와께서 지상 만민 중에서 너를 자기 기업의 백성으로 택하셨나니 여호와께서 너희를 기뻐하시고 너희를 택하심은 너희가 다른 민족보다 수효가 많기 때문이 아니니라 너희는 오히려 모든 민족 중에 가장 적으니라 여호와께서 다만 너희를 사랑하심으로 말미암아, 또는 너희의 조상들에게 하신 맹세를 지키려 하심으로…(신 7:6-8).

성경은 하나님의 선택을 말할 때마다 항상 하나님께 주목하며 그분의 자비를 입은 사람들이 그럴 만한 자격이 없다는 것을 강조한다.

신약성경에서, 특히 구원이 언급될 때마다, 하나님의 선택이 강조된다는 사실을 무시하기 어렵다. 신자들은 하나님의 택하심을 받은 자들이라 불린다(다음을 보라. 엡 1:4; 골 3:12; 벧전 1:2; 5:13).

누가는 복음 전파가 회심으로 이어졌을 때 "영생을 주시기로 작정된 자는 다 믿더라"(행 13:48)라고 말한다. 하나님의 선택은 창세 전에 있었다(엡 1:4). 야곱과 에서의 경우, 성경은 매우 구체적으로 말한다. "그 자식들이 아직 나지도 아니하고 무슨 선이나 악을 행하지 아니한 때에 택하심을 따라 되는 하나님의 뜻이 행위로 말미암지 않고 오직 부르시는 이로 말미암아 서게 하려 하사"(롬 9:11). 이 구절이 특히 적절한 것은 하나님의 선택이 인간의 공로와 전혀 무관하다는 진리를 강화할 뿐 아니라 이 선택의 목적(뜻)을 강조하기 때문인데, 그 목적이란 죄인들을 선택하고 구원하는 믿음으로 부르시는 하나님의 영광을 강조하는 것이다.

하나님의 선택이 성경의 구원 이야기에서 중심 역할을 한다는 사실은 그 선택이 우리 자신의 신학에서도 역할을 해야 한다는 뜻이다. 17세기의 위대한 복음 전도자이자 현대 선교 운동의 선구자인 조지 휘트필드(George Whitefield)는 이렇게 썼다.

> 나는 확신합니다. 사람은 이 중요한 두 진리[하나님의 선택과 성도의 견인]를 믿고 느낄 때까지 자신을 깨고 나올 수 없습니다. 그러나 이 두 진리를 확신하고 마음에 단단히 새길 때 진정 믿음으로 행하게 됩니다. 자신 안에서 행하는 게 아니라 하나님의 아들

안에서, 그를 위해 죽으시고 자신을 내어 주신 분 안에서 행하게 됩니다. 두려움이 아니라 사랑이 순종하도록 그를 강권합니다.[1]

같은 맥락에서, 사도행전 18장은 하나님의 선택을 아는 지식과 커져 가는 복음 전파의 열정을 연결한다. 사도 바울은 고린도에서 그리스도를 선포해 왔으며, 이미 반대에 부딪히고 욕을 먹었다. 그는 더는 복음을 전하길 꺼려 할 이유가 충분했고, 그가 처한 상황은 점점 더 나빠질 터였다. 그에게 힘을 주고 담대하게 하려고 주님이 환상 중에 나타나 선택의 진리를 일깨우신다. "두려워하지 말며 침묵하지 말고 말하라 내가 너와 함께 있으매 어떤 사람도 너를 대적하여 해롭게 할 자가 없을 것이니 이는 이 성중에 내 백성이 많음이라"(행 18:9-10). 바울의 반응은 구원에서 일어나는 하나님의 주권적 역사를 이해하는 신실한 많은 복음 전도자들의 반응과 같다. 그는 자신의 수고가 헛되지 않음을 알고 18개월 더 하나님의 말씀을 전한다.

바울은 하나님의 선택이라는 진리 때문에 수고하고 고난을 받았다. 그가 마지막 편지에서 제자 디모데에게 한 말은 이런 점에서 특히 감동적이다.

---

1) 다음에서 재인용했다. Michael A. G. Haykin, *The Revived Puritan: The Spirituality of George Whitefield* (Dundas, Ontario: Judson Press, 2000), 71-72.

내가 전한 복음대로 다윗의 씨로 죽은 자 가운데서 다시 살아나신 예수 그리스도를 기억하라 복음으로 말미암아 내가 죄인과 같이 매이는 데까지 고난을 받았으나 하나님의 말씀은 매이지 아니하니라 그러므로 내가 택함 받은 자들을 위하여 모든 것을 참음은 그들도 그리스도 예수 안에 있는 구원을 영원한 영광과 함께 받게 하려 함이라(딤후 2:8-10).

바울은 자신이 인내하며 그리스도를 선포하는 것과 자신이 선택을 비롯해 구원에서 일어나는 하나님의 역사를 아는 것을 연결하는데, 이러한 연결을 놓치기란 불가능하다.

이 연결은 바울의 생각에서 비롯된 게 아니었다. 예수님도 같은 것을 가르치셨다. 요한복음 6장에서 예수님은 무리의 구원을 위해 그들에게 자신을 내어 주신다. 문맥이 중요하다. 예수님은 구약성경에 나오는 모세의 예를 토대로 자신에 관한 확장된 은유를 사용하신다. "나는 생명의 떡이니 내게 오는 자는 결코 주리지 아니할 터이요 나를 믿는 자는 영원히 목마르지 아니하리라"(요 6:35). 이렇게 말씀하시면서, 조금 앞에서 무리의 삶에서의 하나님의 일에 관해 하셨던 말씀, 곧 "하나님께서 보내신 이를 믿는 것이 하나님의 일이니라"(요 6:29)라는 말씀에 대해 설명을 덧붙이신다.

자신을 사람들에게 내어 주시고 자신을 믿으라고 촉구하시면서, 예수님은 작동 중인 영적 역학을 설명하신다. 여기서 우리는 그분의 말씀에 바싹 주목하고 그 말씀의 논리를 따라가야 한다.

> 그러나 내가 너희에게 이르기를 너희는 나를 보고도 믿지 아니하는도다 하였느니라 아버지께서 내게 주시는 자는 다 내게로 올 것이요 내게 오는 자는 내가 결코 내쫓지 아니하리라 내가 하늘에서 내려온 것은 내 뜻을 행하려 함이 아니요 나를 보내신 이의 뜻을 행하려 함이니라 나를 보내신 이의 뜻은 내게 주신 자 중에 내가 하나도 잃어버리지 아니하고 마지막 날에 다시 살리는 이것이니라 내 아버지의 뜻은 아들을 보고 믿는 자마다 영생을 얻는 이것이니 마지막 날에 내가 이를 다시 살리리라(요 6:36-40).

예수님은 여기서 선언하신다. 자신의 일, 곧 자신을 사람들에게 내어 주고, 믿음으로 자신에게 오는 자들을 받아들이며, 이들을 안전하게 지켜 주고, 마지막 날에 이들을 다시 살리는 일이 개개인을 자신에게 주시는 아버지의 일과 연결된다는 것이다. 아버지께서 그리스도께 주신 자는 모두 그분께 와서 믿을 것이다.

예수님은 뒤이어 두 가지 선언을 더 하신다. 첫째, 예수님은 이렇게 말씀하신다. "나를 보내신 아버지께서 이끌지 아니하시면 아무도 내게 올 수 없으니 오는 그를 내가 마지막 날에 다시 살리리라"(요 6:44). 그리고 이렇게 덧붙이신다. "진실로 진실로 너희에게 이르노니 믿는 자는 영생을 가졌나니"(요 6:47). 이 제안은 거저이며 모두에게 해당된다. 믿는 자들을 그리스도께서 받아들이시고 끝까지 지키신다. 그러나 이들의 구원 뒤에 아버지의 영원한 선택이 있다.

이것들은 당시 사람들만큼이나 지금 우리에게도 이해하기 어려운 개념이다. 첫 제자들도 구원에 관한 예수님의 가르침과 씨름했다는 것을 알면 위로가 되겠다.

> 제자 중 여럿이 듣고 말하되 이 말씀은 어렵도다 누가 들을 수 있느냐 한대 예수께서 스스로 제자들이 이 말씀에 대하여 수군거리는 줄 아시고 이르시되 이 말이 너희에게 걸림이 되느냐 그러면 너희는 인자가 이전에 있던 곳으로 올라가는 것을 본다면 어떻게 하겠느냐 살리는 것은 영이니 육은 무익하니라 내가 너희에게 이른 말은 영이요 생명이라 그러나 너희 중에 믿지 아니하는 자들이 있느니라 하시니 이는 예수께서 믿지 아니하는 자들이 누구며 자기를 팔 자가 누구인지 처음부터 아심이러라 또

이르시되 그러므로 전에 너희에게 말하기를 내 아버지께서 오게 하여 주지 아니하시면 누구든지 내게 올 수 없다 하였노라 하시니라(요 6:60-65).

선택 교리는 성경적인가? 우리는 단호하게 그렇다고 답해야 한다. 성경은 하나님의 구원 사역이 그분의 선택 사역에 뿌리박고 있다고 가르친다. 하나님이 누구시며 우리가 죄인으로서 누구인지 이해할 때, 하나님이 선택하시고 구원하시는 분이어야 한다는 것을 깨닫는다. 그렇지 않다면, 우리는 구원받을 수 없다. 하나님이 누가 구원받을지 선택하셨기 때문에, 우리는 하나님이 세상에서 일하시며 죄인들을 자신에게로 이끌고 계신다는 것을 알고 복음을 값없이 선포할 수 있고 선포해야 한다.

더 깊은 묵상을 위한 질문

1. 우리가 신학을 공부할 때 먼저 하나님 말씀의 권위를 확립하는 게 왜 그렇게 중요한가?
2. 하나님의 주권 교리에 대해 어떤 반대 주장들이 자주 제기되는가? 성경은 이러한 반대 주장들을 어떻게 다루는가?

3. 선택 교리가 구원에서 나타나는 하나님의 은혜를 어떻게 확대하는가? 선택 교리가 어떻게 인간의 타락을 훤히 드러내는가?
4. 선택 교리는 성경이 아니라 개혁자들이 가르치는 교리일 뿐이라는 주장에 어떻게 답하겠는가?
5. 왜 선택 교리를 믿는 사람들이 개인 전도에 열심히 참여하지 못할 때가 많은가? 하나님의 선택과 주권에 대한 이해가 복음 전파에 어떻게 기름을 끼얹는가?

3
언약

1장에서 보았듯이, 언약은 실제로 성경에 깊이 붙박여 있으며 개혁 신학에 매우 중요하다. 사실, 교회사 전체를 통틀어서, 그리고 지금도 많은 사람이 '개혁 신학'과 '언약 신학'이란 용어를 맞바꿀 수 있게 사용한다.

그렇다면 언약이란 무엇인가?

유용한 정의가 있다. 언약이란 "두 진영이 맺은 계약으로, 미리 명시한 어떤 행동을 하거나 하지 않겠다고 한쪽이나 양쪽 다 맹세로 약속하는 것"이다.[1] 관계의 성격을 규정하기 위해 약속을 미리 한다.

---

[1] G. E. Mendenhall and G. A. Herion, "Covenant," in David Noel Freedman, ed., *Anchor Bible Dictionary* (New York: Doubleday, 1992), 1179.

언약은 하나님이 자신에 관해 무엇을 계시하시고 그분의 백성을 어떻게 구속하시는지에 관한 뼈대나 구조를 제공한다. 1500년대 스코틀랜드의 대(大) 신학자였던 로버트 롤록(Robert Rollock)은 "하나님은 언약 없이 사람에게 아무것도 말씀하지 않으신다."라고 했다.[2] 현대 신학자 J. I. 패커(J. I. Packer)도 못지않게 담대했다. "첫째, 하나님의 복음은 언약의 틀에서 볼 때까지 제대로 이해되지 않는다…둘째, 하나님의 말씀은 언약의 틀에서 볼 때까지 제대로 이해되지 않는다…셋째, 하나님의 실재는 언약의 틀에서 볼 때까지 제대로 이해되지 않는다."[3] 롤록과 패커에 따르면, 하나님이 구속에서 하시는 모든 일이 언약적이다.

성경을 세심하게 보면 이것을 알 수 있다. 하나님의 구속 사역은 언약으로 설명된다. 개혁 신학에서, 구속 언약은 은혜 언약으로 불린다. 이 중요한 언약이 성경에서 연이어 등장하는 언약에서 드러난다. 각각의 언약을 세세히 살펴봐야 하지만, 이 언약들이 모두 은혜 언약 아래 있다는 것을 늘 염두에 두어야 한다.

---

2) Robert Rollock, "A Treatise of God's Effectual Calling," in William Gunn, ed., *Select Works of Robert Rollock* (Edinburgh: Woodrow Society, 1844), 31.

3) J. I. Packer, "Introduction: On Covenant Theology," in Herman Witsius, *The Economy of the Covenants between God and Man* (Grand Rapids: Reformation Heritage, 2010 reprint), 1:31-34.

행위 언약

이번에도 창세기에서 시작하겠다. 창세기 2장 16-17절에서 하나님은 아담을 다스리고 인도하려고 그에게 말씀을 주신다. 이러한 하나님의 계시는 언약의 형태로 온다. 앞에서 보았듯이, 이 언약은 아담을 위한 분명한 조항들, 곧 경고와 복을 포함한다.

우리가 계시의 언약 구조를 놓칠 경우를 대비해, 구약성경 후반부에서 하나님은 회개하지 않는 죄 때문에 이스라엘을 꾸짖으실 때 이스라엘 민족을 에덴동산의 아담에 비유하신다. "그들은 아담처럼 언약을 어기고 거기에서 나를 반역하였느니라" (호 6:7). 호세아가 단언하는 것은 창세기 2장 16-17절과 언약에 대한 우리의 정의를 비교해 보면 우리 스스로 알 수 있는 것이다. 하나님은 그분의 복과 명령과 약속을 언약 형태로 아담에게 주신다. 양쪽의 관계가 정의되고, 의무가 미리 명시되며, 결과가 기술된다.

물론, 문제는 아담이 언약의 의무를 지키지 않는다는 것이다. 아담은 하나님의 말씀에 순종해 선악을 알게 하는 나무의 열매를 먹지 않는 대신 하나님의 말씀을 무시하고 아내를 따르고 뱀의 말을 따르며 인류를 파멸로 몰아넣는다. 인류는 마지막 아담이신 그리스도의 영광스러운 사역을 통해서야 이러한 파멸에서 벗어날 것이다. 바울은 이것을 이렇게 표현한다.

> 사망이 한 사람으로 말미암았으니 죽은 자의 부활도 한 사람으로 말미암는도다 아담 안에서 모든 사람이 죽은 것같이 그리스도 안에서 모든 사람이 삶을 얻으리라(고전 15:21-22).

언약을 통한 하나님의 계시는 아담이 에덴동산에서 맺은 언약을 어긴 데서 시작하지 않고 끝나지도 않는다. 우리는 아담의 타락 후에 하나님이 그분의 은혜로운 구원 계획을 연이은 언약의 형태로 계시하시는 것을 보는데, 이 모든 언약은 주 예수 그리스도의 사역에서 성취된다.

노아 언약

아담의 타락 후 분명하게 식별되는 그 다음 언약은 하나님이 노아와 모든 피조물과 노아의 모든 후손과 맺으시는 언약이다(창 9:8-17을 보라). 하나님은 인간의 악 때문에 홍수로 땅을 멸하셨으나 노아와 그의 가족을 구해 주셨다. 이 홍수가 끝난 후 맺으신 언약에서, 하나님은 비록 인간이 계속해서 죄를 짓고 그분께 반역할 테지만 다시는 땅을 물로 멸하지 않겠다고 선언하신다. 하나님은 이 언약의 약속에 징표를 덧붙이신다. 바로 무지개가 그것이다.

매우 실제적인 의미에서, 하나님이 홍수 심판을 하지 않겠다고 약속하신다는 사실이 나머지 모든 언약의 약속들이 성취되는 배경이다. 하나님이 이 심판을 보류하시는 것은 약속하신 그분의 아들, 곧 메시아를 보내 그분의 백성을 구속하기로 계획하시기 때문이다. 예수 그리스도 안에서 이 구원을 성취하시려고, 하나님이 죄인들에 대한 심판을 오래 참음과 자비로 보류하신다.

하나님의 구원 역사에서 다른 모든 것의 배후에는 이러한 언약의 약속이 있다. 하나님이 정하신 날까지 우주적 심판을 보류하시리라는 것이다. 베드로가 예수님의 재림이 수반할 궁극적인 구원을 말할 때 동일한 논리가 적용된다. 베드로는 이렇게 말한다.

> 주의 약속은 어떤 이들이 더디다고 생각하는 것같이 더딘 것이 아니라 오직 주께서는 너희를 대하여 오래 참으사 아무도 멸망하지 아니하고 다 회개하기에 이르기를 원하시느니라 그러나 주

의 날이 도둑같이 오리니 그날에는 하늘이 큰 소리로 떠나가고 물질이 뜨거운 불에 풀어지고 땅과 그 중에 있는 모든 일이 드러나리로다(벧후 3:9-10).

아브라함 언약

심판을 한동안 보류하기로 인간과 언약을 맺으신 후, 하나님은 이어지는 중요한 언약의 약속들에서 자신의 구원을 계시하신다. 이 약속들 중에 첫째는 하나님이 아브라함에게 하신 것이다. 노아 언약 때처럼, 양쪽이 분명하게 명시된다. 하나님이 징표를 주신다. 언약 계약이 인간 대표자뿐 아니라 그의 후손들에게도 적용된다.

하나님이 아브라함에게 주시는 약속은 복의 약속이다. 하나님은 아브라함의 이름을 창대하게 하고 그를 통해 땅의 모든 족속에게 복을 주겠다고 약속하신다(창 12:2-3을 보라). 언약의 약속이 전개되면서, 우리는 이 복이 아브라함의 후손에게서 실현되는 것을 보며(창 15:3-5을 보라) 하나님이 창세기 3장 15절에서 아담과 하와에게 하신 약속을 떠올린다. 나중에, 하나님은 아브라함과 그의 후손에게 땅을 약속하신다(다음을 보라. 창 15장; 17:8).

아브라함은 믿음으로 이 언약을 받아들인다. 창세기 15장 6절은 아브라함이 여호와를 믿으니 여호와께서 이를 그의 의로 여기셨다고 기록한다.

아브라함에게 하신 언약의 약속에도 징표가 따른다. 이 경우, 징표는 남성의 할례다(창 17:10을 보라). 이 징표는 아브라함 자신에게 적용되어야 한다. 하나님이 그를 성인(成人)으로서 언약에 들이셨기 때문이다. 그뿐 아니라 이 징표는 아이들이든 아브라함의 가솔이 된 사람들이든 간에 아브라함의 보호 아래 있는 모든 남자에게 적용되어야 한다(창 17:13을 보라).

이 징표는 궁극적으로 더 큰 실체를 가리키며, 약속의 인장 역할을 한다. 로마서 4장 11절은 이렇게 말한다. "그가 할례의 표를 받은 것은 무할례 시에 믿음으로 된 의를 인친 것이니 이는 무할례자로서 믿는 모든 자의 조상이 되어 그들도 의로 여기심을 얻게 하려 하심이라."

아브라함에게 주신 이 약속은 궁극적으로 그리스도에게서 성취되며(갈 3:14을 보라) 그리스도 안에 있는 자들에게 주어진다. "너희가 그리스도의 것이면 곧 아브라함의 자손이요 약속대로 유업을 이을 자니라"(갈 3:29). 언약의 징표인 할례는 그 목적에 기여하는데, 마음의 할례가 필요하다는 것을 보여준다(다음을 보라. 신 10:16; 30:6; 렘 4:4; 9:25). 신약성경은 이것을 이렇게 표현한다. "하나님의 성령으로 봉사하며 그리스도 예수로 자랑하고 육체를 신뢰하지 아니하는 우리가 곧 할례파라"(빌 3:3).

시내산 언약

하나님의 구원은 언약의 틀을 통해 전개되며, 이것은 출애굽기에서 하나님이 모세를 통해 이스라엘 백성과 맺으시는 언약에서도 볼 수 있다. 이 언약에 담긴 구체적이며 시간이 정해진 의무들은 복잡하며 그 가운데 많은 의무가 하나님의 백성이 그 아래 살았던 신정(神政)과 구체적으로 연결되어 있다. 그러나 이 언약의 본질은 여전히 은혜다. 이 언약의 배경은 하나님이 그분의 백성을 구속하려고 하시는 일이다(다음을 보라. 출 19:4; 신 4:37; 7:7-9; 10:15).

절대로 율법 자체가 구원의 수단이었던 적이 없다. 성경은 이것을 분명하게 말한다. "하나님 앞에서 아무도 율법으로 말미암아 의롭게 되지 못할 것이 분명하니 이는 의인은 믿음으로 살리라 하였음이라"(갈 3:11). 그와 동시에, 율법은 거룩하게 산다는 게 무슨 뜻인지 보여줄 뿐 아니라 하나님이 그리스도를 통해 이루실 궁극적인 구속 사역을 내다본다. 이렇게 모세 언약은 하나님의 본성과 성품을 가르치고, 하나님의 백성이 하나님의 성령으로 변화되고 능력을 받을 때 반드시 본을 보여야 하는 거룩을 보여주며, 하나님이 아들의 죽음, 곧 완전하고 흠 없는 희생에서 하실 일을 내다본다.

다윗 언약

그 다음 언약은 다윗 이야기에 등장한다. 사무엘하 7장에서 하나님이 다윗에게 그의 대적들에게서 벗어나는 안식을 주신다. 이 때문에 다윗은 하나님을 위해 성전을 짓고 싶어 한다. 이번에도 하나님은 언약의 약속을 하신다. 아브라함 언약 및 아담과 하와에게 하신 약속처럼, 이 약속도 그 중심에 다윗의 후손 또는 씨가 있다.

> 네 수한이 차서 네 조상들과 함께 누울 때에 내가 네 몸에서 날 네 씨를 네 뒤에 세워 그의 나라를 견고하게 하리라 그는 내 이름을 위하여 집을 건축할 것이요 나는 그의 나라 왕위를 영원히 견고하게 하리라 나는 그에게 아버지가 되고 그는 내게 아들이 되리니 그가 만일 죄를 범하면 내가 사람의 매와 인생의 채찍으

로 징계하려니와 내가 네 앞에서 물러나게 한 사울에게서 내 은총을 빼앗은 것처럼 그에게서 빼앗지는 아니하리라 네 집과 네 나라가 내 앞에서 영원히 보전되고 네 왕위가 영원히 견고하리라(삼하 7:12-16).

하나님이 다윗에게 하신 이 언약의 약속은 가깝게는 솔로몬의 삶에서 성취된다. 솔로몬이 성전을 짓고, 하나님이 그를 오래 참으시기 때문이다. 그러나 진정한 약속은 솔로몬을 훨씬 넘어선다. 시편 89편에서 시인은 이렇게 말한다.

주께서 이르시되
나는 내가 택한 자와 언약을 맺으며
내 종 다윗에게 맹세하기를
내가 네 자손을 영원히 견고히 하며
네 왕위를 대대에 세우리라
하셨나이다(시 89:3-4).

한 왕에 관한 이 언약의 약속은 하나님의 구원 계획에서 중심에 자리한다. 그리고 이 약속은 천사 가브리엘이 마리아에게 그녀가 낳을 아들에 관해서 한 약속의 하이라이트이다.

> 그가 큰 자가 되고 지극히 높으신 이의 아들이라 일컬어질 것이요 주 하나님께서 그 조상 다윗의 왕위를 그에게 주시리니 영원히 야곱의 집을 왕으로 다스리실 것이며 그 나라가 무궁하리라 (눅 1:32-33).

하나님의 구원 계시에서 주요 전환점 하나하나가 언약의 약속이라는 형태로 찾아온다. J. I. 패커의 말이 사실이다. 복음은 언약의 틀에서 이해되어야 한다.

새 언약

성경에 계시된 주요 언약들 중에서 마지막은 자신의 백성에게 새로운 영적 생명을 주어 자신의 명령에 순종하게 하시겠다는 하나님의 약속이다.

예레미야 선지자는 이 약속을 '하나의 새 언약'(a new covenant)이라 부른다. 예수님은 이 약속을 '그 새 언약'(the new covenant)이라 부르신다. 히브리서는 예레미야를 인용해 예레미야와 똑같이 부른다(다음을 보라. 렘 31:31; 눅 22:20; 히 8:8-12). 예레미야는 새 언약을 이렇게 설명한다.

여호와의 말씀이니라 보라 날이 이르리니 내가 이스라엘 집과 유다 집에 새 언약을 맺으리라 이 언약은 내가 그들의 조상들의 손을 잡고 애굽 땅에서 인도하여 내던 날에 맺은 것과 같지 아니할 것은 내가 그들의 남편이 되었어도 그들이 내 언약을 깨뜨렸음이라 여호와의 말씀이니라 그러나 그날 후에 내가 이스라엘 집과 맺을 언약은 이러하니 곧 내가 나의 법을 그들의 속에 두며 그들의 마음에 기록하여 나는 그들의 하나님이 되고 그들은 내 백성이 될 것이라 여호와의 말씀이니라 그들이 다시는 각기 이웃과 형제를 가르쳐 이르기를 너는 여호와를 알라 하지 아니하리니 이는 작은 자로부터 큰 자까지 다 나를 알기 때문이라 내가 그들의 악행을 사하고 다시는 그 죄를 기억하지 아니하리라 여호와의 말씀이니라(렘 31:31-34).

예레미야는 이를 언약의 틀에 넣으면서 모세가 신명기 30장에서 한 약속을 되울린다.

하나님의 백성에게 필요한 것은 하나님이 이들을 변화시키시고, 이들의 마음에 할례를 행하시며, 이들의 죄를 용서하시고, 이들의 마음을 바꾸시는 것이다. 이것이 하나님이 그분의 구원 사역에 관해서 하신 계시의 한 부분이다. 그리스도 안에서, 하나님은 약속된 복과 완전한 희생 제물과 영원한 왕을 주실 뿐 아니라 그분의 백성의 마음을 변화시키시고 죄를 완전히 용서하신다. 히브리서 저자는 새 언약을 이렇게 설명한다.

> 그가 거룩하게 된 자들을
> 한 번의 제사로 영원히 온전하게 하셨느니라
> 또한 성령이 우리에게 증언하시되
> 주께서 이르시되
> 그날 후로는 그들과 맺을 언약이 이것이라 하시고
> 내 법을 그들의 마음에 두고
> 그들의 생각에 기록하리라 하신 후에
> 또 그들의 죄와 그들의 불법을
> 내가 다시 기억하지 아니하리라 하셨으니
> 이것들을 사하셨은즉
> 다시 죄를 위하여 제사 드릴 것이 없느니라(히 10:14-18).

나중에, 히브리서 저자는 대속하는 그리스도의 피를 영원한 언약의 피라 부른다(히 13:20). 이 언약의 약속이 갖는 의미를 생각할 때, 예수님이 배반당하시던 날 밤에 비슷한 말씀을 하신 것이 놀랍지 않다. "이 잔은 내 피로 세우는 새 언약이니 곧 너희를 위하여 붓는 것이라"(눅 22:20; 고전 11:25도 보라).

성경의 언약 구조를 이해해야 개혁 신학의 본질을 이해할 수 있다. 개혁 신학은 성경이 중심이다. 그러므로 성경이 하나님의 구원을 계시하는 방식에서 우리가 하나님의 구원을 어떻게 이해하고 선포해야 하는지 배워야 한다.

성경에 펼쳐진 언약을 주의 깊게 살펴보면, 예수 그리스도를 더 명확하게 볼 뿐만 아니라 모든 민족에게 미치는 하나님의 구원의 폭과 오직 은혜로 오직 믿음을 통해 오직 그리스도 안에서 얻는 구원의 영광을 보게 된다. 이 모든 것은 삼위일체 하나님의 영광을 위한 것이다.

더 깊은 묵상을 위한 질문

1. 성경의 언약 구조를 확인할 때 어디서 시작해야 하는가? 언약 구조는 하나님에 대해 무엇을 가르쳐 주는가?
2. 아브라함 언약, 모세 언약, 다윗 언약, 새 언약은 각각 그리스도의 구속 사역 가운데 어떤 부분을 강조하는가?
3. 하나님의 언약들은 오늘날 당신에게 어떤 의미를 갖는가?

4
개혁 신학이 주는 복

개혁 신학의 큰 진리들은 하나님의 백성에게 복이다. 하지만 왜 그런가?

성경의 안전성

무엇보다도 먼저 개혁 신학은 하나님이 자신에 관해 계시하신 것을 정확하게 표현한다. 누구라도 인생에서 답할 수 있는 가장 중대한 질문은 이것이다.

"하나님은 누구신가?"

개혁 신학은 이 질문에 분명하고 성경적인 답을 제시한다.

정확히 하나님이 누구이며 그분의 백성에게 무엇을 요구하시느냐 하는 것은 개혁 신학의 핵심 가운데 하나인 **솔라 스크립투라**(*sola Scriptura*)와 관련이 있다.

많은 현대인이 은밀하거나 주관적인 과정을 통해 하나님의 뜻을 분별해야 한다고 확신한다. 이들은 내면의 감성적 느낌을 끌어내려 노력하거나 전문가에게 조언을 구하려 한다. 그러나 개혁 신학은 우리를 성경으로 되돌린다. 성경은 하나님이 자신과 자신의 뜻을 우리에게 분명하게 계시하시는 곳이며, 하나님은 우리가 이해할 수 있는 방식으로 그렇게 하신다.

계시된 것이 분명하기만 한 게 아니다. 권위도 있다. 다른 가르침을 성경의 가르침에 비추어 테스트할 수 있다. 이것도 우리에게 큰 복이다. 우리는 하나님이나 사람이나 삶의 환경이나 세상의 상태에 관한 가르침을 들을 때마다 권위 있는 성경의 기준에 비추어 테스트할 수 있다.

성경은 우리가 하나님과 그분의 뜻을 이해하는 데 있어서 유일한 권위 있는 근원이다. 개혁 신학은 이러한 성경의 역할을 강조할 뿐 아니라 성경에서 가장 두드러지게 나타나는 하나님과 구원에 관한 여러 진리를 강조한다.

이러한 진리들이, 그리고 이에 대한 개혁 교회의 강조가 때로 경시되었다. 때로 개혁주의 전통에 속한 교회들과 신학자들조차 이러한 진리들을 경시했다. 그러나 이제 보게 되겠지만, 성경의 권위와 명료성 개념처럼, 이 진리들 하나하나가 복이다.

하나님의 주권이 주는 위로

이미 보았듯이, 우리의 구원과 관련된 모든 면에서 하나님은 주권적이다. 좋은 소식이다. 성경은 우리에게 맡겨 두면 우리가 구원받을 희망이 없다고 가르치기 때문이다. 하나님은 사랑과 자비로 선택하시는 분이다. 하나님은 죄인들을 자신에게 이끄시는 분이다. 하나님은 자신이 구원하신 자들을 끝까지 지키겠다고 약속하셨다. 이것이 두문자어 TULIP의 핵심이며, 다섯 솔라(*sola*)의 배후에 자리한 의미다. 우리가 예수 그리스도 안에서 얻는 구원의 모든 부분이 인간의 죄성과 하나님의 주권과 그리스도의 완전한 공급과 성령이 일하실 필요성을 뒷받침하는 증거다. 이것은 좋은 소식이다.

그러나 개혁주의 가르침의 복 가운데 하나는 이것이 단지 우리의 구원에서만이 아니라 삶의 모든 영역에서 하나님의 주권을 강조한다는 것이다. 이것은 좋은 소식이며, 어려울 때 우리에게 특별한 위로가 된다.

생각하는 사람이라면 누구라도 삶의 많은 부분이 우리의 통제를 벗어나 있음을 깨닫는다. 우리의 삶에서 아주 중대한 사건들 가운데 이 범주에 드는 게 많다. 우리는 언제 태어날지 결정하지 않는다. 우리는 부모를 선택할 수 없다. 하나님은 배우고 성장할 기회를 자주 주신다. 그렇더라도 우리의 몸과 마음에서 어떤 부분들은 변하지 않을 것이다. 건강에 잔뜩 신경을 쓰는 사람들이라도 하늘이 무너지는 것 같은 진단을 받거나 장애를 초래하는 질병에 걸릴 수 있다. 심지어 우리가 큰 영향력을 가진 것 같은 곳에서 우리의 결정이 가져온 뜻하지 않은 결과와 우리가 성취할 수 있는 것의 한계를 마주한다. 많은 사람이 통제의 환상에 가치를 두지만 우리의 삶을 정직하게 살펴보면 우리가 우리의 삶에 행사할 수 있는 힘이 얼마나 적은지 알게 된다.

일이 술술 풀릴 때, 우리는 스스로 속아 자신이 주권적이라고 믿을 위험이 있다. 느부갓네살을 생각해 보라. 그는 바벨론 왕궁의 지붕을 거닐며 이렇게 말했다. "이 큰 바벨론은 내가 능력과 권세로 건설하여 나의 도성으로 삼고 이것으로 내 위엄의 영광을 나타낸 것이 아니냐"(단 4:30). 우리는 좋을 때 이런 광기에 빠질 위험이 있다. 우리는 자신이 모든 것에 주권적이며 우리의 성공과 행복과 건강과 우정이 우리의 능력과 통제의 증거라고 확신할 위험이 있다.

고난은 이것들이 얕디얕은 생각일 뿐이라는 것을 보여준다. 고난을 통해 우리는 우리의 약함을, 우리의 무능을, 간단히 말해 우리에게 주권이 없음을 더 잘 알게 된다. 우리에게 통제권이 없음을 깨닫는다.

이것은 좋은 출발점이며, 개혁 신학이 구원과 관련해 우리에게 여기서 시작하라고 가르치는 것은 우연이 아니다. 일부 사람들이 개혁주의 구원론을 정의하며 사용하는 유명한 두문자어 TULIP에서 T는 전적 부패(total depravity)를 가리킨다. 우리가 그리스도 안에서 얻는 구원을 이해하려면 우리의 본성이 타락했음을 깨달아야 한다. 하나님이 우리를 구원하시는 방식을 온전히 이해하려면 우리의 죄성과 우리에게 스스로를 구원할 능력이 전혀 없음을 알아야 한다.

구원에 관한 이 진리, 개혁 신학에서 아주 두드러진 역할을 하는 이 진리는 삶의 모든 부분에 적용되는 사실을 가리킨다. 하나님이 모든 것의 주권자라는 것이다. 이것은 아는 것은 큰 복이며, 특히 우리가 고난 받을 때 그러하다. 자신의 연약함을 마주할 때, 우리는 우리를 사랑하시는 아버지를 향하고 그분을 신뢰할 수 있다. 그분은 자비로우시고 불쌍히 여기시는 하나님이며 모든 것을 다스리신다. 어떤 사람들은 세상이 서로 경쟁하는 세력들에게 지배되고 있다고 믿는다. 또는 우리의 고난은 하나님이 세상에 대한 장악력을 잃었거나 약속을 저버리셨음을 뜻한다고 믿는다. 이보다 진실에서 동떨어진 게 없을 것이다. 사실, 예수 그리스도의 십자가 죽음에 관한 성경의 가르침을 살펴보면 알 수 있듯이, 성경은 인간 역사에서 가장 부당한 고난이 하나님이 미리 정하신 계획에 따라 이루어졌다고 분명하게 말한다. 가장 어두운 순간들에 대해서도 하나님이 주권자이며, 우리가 우리에게 통제권이 전혀 없음을 깨달을 수밖에 없을 때 하나님이 다스리신다.

모든 것에 대한 하나님의 주권은 작은 것에서 큰 것으로 확대된다. 그분의 보살핌을 받지 않는 게 없다. 예수님은 그분을 따르는 이들에게 이것을 일깨우신다.

> 참새 두 마리가 한 앗사리온에 팔리지 않느냐 그러나 너희 아버지께서 허락하지 아니하시면 그 하나도 땅에 떨어지지 아니하리라 너희에게는 머리털까지 다 세신 바 되었나니 두려워하지 말라 너희는 많은 참새보다 귀하니라(마 10:29-31).

하나님의 절대 주권을 당당하게 강조하는 신학을 갖는 것은 참으로 큰 복이다. 예수님은 그 무엇도 하나님에 관한 이 진리보다 큰 위로를 줄 수 없다는 것을 아셨다.

우리 모두 한 번쯤은 세상의 상태를 보면서 도대체 왜 이런저런 일이 일어나는지 궁금해했을 것이다. 어쩌면 소리쳤을 것이고, 어쩌면 혼잣말로 중얼거렸을 것이다. 우리는 개인적 시각에서 이 질문에 접근했을 것이다. 왜 현재의 사건들이 지금처럼 전개되고 있는지 묻는 대신 왜 우리의 특정한 개인적 상황이 지금처럼 되었는지 궁금해했을 것이다. 어려운 질문들이며, 개혁 신학은 말할 것도 없고 성경도 이 모든 질문에 다 답하지는 않는다. 그렇더라도 개혁 신학의 틀은 우리에게 큰 명료함을 제시한다.

개혁 신학의 틀은 우리에게 일깨운다. 하나님이 일어나는 모든 일을 주관하는 주권자라는 사실을 깨닫게 한다. 개혁 신학을 아주 잘 요약한 웨스트민스터 신앙 고백은 이것을 이렇게 표현한다. "하나님이 일어날 모든 일을 영원 전부터 그분 자신이 뜻하신 가장 지혜롭고 거룩한 계획을 따라 자유롭게, 변할 수 없게 정하셨다."[1]

이것을 아는 것은 큰 위로다. 이것은 우리가 이런저런 상황에 대해 할 수 있을 특정 질문들에 답하지는 않지만, 모든 사건과 상황이 설령 우리 자신의 계획에 맞춤하지 않더라도 하나님

---

[1] 웨스트민스터 신앙 고백 3장 1항.

의 계획에 따라 일어나고 조성된다는 것을 우리에게 일깨워 준다. 이것을 알면 우리의 삶을 좀먹는 수많은 근심들이 사라질 것이다.

우리가 사랑이 넘치는 하늘 아버지이신 하나님의 선하심에 관한 성경의 가르침을 이해하기 시작할 때 하나님의 주권에서 얻는 이러한 격려는 커진다. 전적인 주권자이지만 선하고 지혜로우며 자비롭지는 않은 신을 상상하는 것이 가능하다. 사랑이 넘치고 호의를 베풀지만 근본적으로 제한적인, 어쩌면 사탄의 계획이나 인간의 결정에 좌절할지도 모르는 하나님을 상상하는 것도 가능하다. 그러나 앞서 보았듯이, 성경의 하나님은 주권적일 뿐 아니라 선하다.

앞서 인용한 웨스트민스터 신앙 고백을 다시 보라. 하나님이 뜻하신 계획을 가리켜 지혜롭고 거룩하다고 하며, 사실 그렇다. 이것은 성경 전체의 가르침과 정확히 일치한다.

예를 들어, 예수님은 제자들에게 하나님을 선하신 하늘 아버지로 알면 너무 염려하지 않게 되리라고 가르치셨다. 예수님은 만물에 대한 하나님의 주권과 염려하지 말라는 하나님의 명령을 연결하신다(마 6:25-33을 보라). 하나님의 주권과 지식은 새들과 꽃들에게 미치며, 우리에게 필요한 먹거리와 마실 거리와 입을 거리에까지 미친다. 자유를 하나님에게서 완전히 벗어난 자율로 정의하지 않는 한, 하나님의 주권은 우리의 자유를 억제하지 않는다. 오히려 하나님의 주권은 우리 피조물의 자유를 강화한다. 우리는 하나님이 주권자일 뿐 아니라 선하다는 것을 알기에 자신을 가지고 산다. 하나님을 아버지로 아는 자들은 그분의 주권이 그분의 선하심과 쌍을 이룬다는 사실이 복이라는 것을 안다. 이것이 우리의 가장 큰 위로다.

이것은 개혁 신학의 훌륭한 신앙 고백 문서 중 하나인 하이델베르크 요리 문답의 첫 질문이 던지는 내용이다. 그 첫 질문은 이것이다. "사나 죽으나 당신의 유일한 위로는 무엇입니까?" 이 질문의 답은 그대로 다 인용할 가치가 있다.

나는, 몸과 영이, 사나 죽으나 나의 것이 아니라 나의 신실하신 구주 예수 그리스도의 것이라는 사실입니다. 그분은 자신의 보배로운 피로 나의 죗값을 완전히 치르셨고 나를 마귀의 모든 권세에서 자유롭게 하셨으며 하늘에 계신 내 아버지의 뜻이 아니면 머리카락 하나라도 내 머리에서 빠지지 않도록 나를 보존해 주십니다. 그렇습니다. 모든 것이 나의 구원에 기여하며, 그분께서 또한 자신의 성령으로 내게 영원한 생명을 보증하시고 내가 온 마음을 다해 기꺼이 그분을 위해 살게 하십니다.

하나님의 주권과 위로가 이렇게 연결되는 것은 우리의 개인적 삶에서만이 아니다. 이러한 연결은 세상을 향한 하나님의 목적과 세상에서 하나님이 하시는 일을 이해하는 틀을 제공한다. 하나님의 목적은 자신을 영화롭게 하는 것이며, 이렇게 하시면서 하나님은 자신에게로 부른 사람들을 구원하시고 이들의 유익을 위해 일하신다.

제자들을 향한 대(大) 위임에서, 예수님은 자신의 권위와 자신의 사람들을 통해 하고 계시는 멈출 수 없는 일을 분명하게 연결하신다.

> 하늘과 땅의 모든 권세를 내게 주셨으니 그러므로 너희는 가서 모든 민족을 제자로 삼아 아버지와 아들과 성령의 이름으로 세례를 베풀고 내가 너희에게 분부한 모든 것을 가르쳐 지키게 하라 볼지어다 내가 세상 끝날까지 너희와 항상 함께 있으리라(마 28:18-20).

이 구절은 하나님이 세상에서 하시는 일을 적지 않게 보여준다. 하나님은 자신을 영화롭게 하고 계신다. 하나님은 그분의 자녀들로 그리스도를 닮아 가게 하고 계신다. 하나님은 그리스도의 교회를 세우고 계신다.

이렇듯 하나님이 세상에서 하시는 일을 이해하면 모든 것을 긴 안목에서 보게 된다. 국가적으로 또는 전세계적으로 어떤 사건들이 일어나든 간에, 교회가 어떤 도전이나 위험에 직면하든 간에, 그리스도인들, 특히 하나님의 주권을 전파하고 소중히 여기는 그리스도인들은 궁극적인 의미에서 하나님이 하고 계시는 일을 안다. 우리는 하나님이 주권자라는 사실을 알고 모든 것이 그분의 선한 계획과 뜻에 따라 이루어진다는 사실도 알기 때문에 세상을 이해할 수 있다.

하나님의 선택, 그 경이로움

개혁 신학은 하나님의 주권을 강조하며, 이러한 강조는 하나님이 선택에서 하시는 일을 분명하게 강조하는 것과 밀접하게 연결된다. 언뜻 보면, 선택 교리가 복이라는 말이 이상하게 들릴지 모른다. 많은 사람에게 선택 교리는 신학에서 가장 먼저 만나는 걸림돌이다. 어떤 사람들은 선택 교리가 인간의 자유를 크게 침해한다고 믿거나 불공정하고 변덕스럽다고 믿거나 그 어떤 인간 행동도 무의미하게 한다고 믿는다. 그러나 앞서 보았듯이, 성경의 증거로 선택 교리를 논증하기란 쉽지 않다. 우리와 가까운 불신자들을 생각할 때, 선택 교리는 어려운 가르침일 수 있다. 그렇더라도 선택 교리는 마지못해 인정해야 하는 것이 아니다. 오히려 받아들이고 기뻐해야 하는 것이다. 선택은 신비다. 그렇더라도 하나님이 그분의 백성을 선택하심을 이해하는 것은 궁극적으로 우리에게 복이다.

왜 그런가? 여러 이유가 있다. 첫째, 우리는 본성적으로 죄인이라는 것을 기억해야 한다. 우리는 하나님을 떠나 있으며 당연하게도 하나님과 전쟁 중이다. 우리의 죄 때문에, 우리는 자신의 길을 고집하고, 자신이 주도하길 원하며, 자신의 욕망을 따라 살고 싶어 한다. 이것은 우리가 절대로 하나님을 선택하지 않을 뿐더러 절대로 선택할 수도 없다는 뜻이다. 하나님께 복종하고 그분의 아들을 믿는 것은 근본적으로 우리 인간의 본성에 맞지 않는다. 하나님이 개개인을 자비와 은혜로 선택하지 않으셨다면 그 누구도 구원받지 못할 게 틀림없다. 선택은 죄인을 향한 하나님의 큰 사랑을 실제로 보여주기에 우리는 선택을 기뻐할 수 있다.

이와 더불어, 선택 교리는 구원받은 자들에게 안전을 선사하기 때문에 복이다. 내버려두면, 우리는 절대로 하나님을 선택하지 않을 것이다. 이와 비슷하게, 우리의 구원이 우리에게 달려 있다면 불확실할 것이다.

로마서 8장 30절 같은 구절을 읽는 것은 참으로 큰 복이다. 여기서 바울은 예정(predestination)과 영화(glorification)를 연결한다. 각각은 끊을 수 없는 사슬의 일부다. "미리 정하신 그들을 또한 부르시고 부르신 그들을 또한 의롭다 하시고 의롭다 하신 그들을 또한 영화롭게 하셨느니라"(롬 8:30). 예정과 영화가 이렇듯 끊을 수 없게 연결되어 있다는 것은 우리에게 큰 위로가 된다. 하나님은 그 어떤 일도 끝나지 않거나 완결되지 않은 상태로 두지 않으신다. 하나님의 영원한 예정 행위는 최종적으로 선택된 자들의 영화로 이어진다. 진짜 구원은 언제나 영화로 이어진다. 이 얼마나 큰 복인가! 구원은 우리의 변하는 감정이 아니라 하나님의 변하지 않는 계획과 일과 선택에 달렸다.

하나님의 선택 때문에, 우리를 부르시는 분이 하나님이고 우리가 구원받는 것이 하나님의 뜻이기 때문에, 우리는 또한 삶에서 전반적으로 안전을 누릴 수 있다. 하나님이 구원에서 하시는 일과 모든 것이 합력하여 그분의 자녀들에게 선을 이루고 이들이 그리스도를 닮아 가는 데 도움이 되게 하시는 일 사이의 관계를 일깨우는 것들이 있다는 것은 참으로 큰 복이다.

우리가 알거니와 하나님을 사랑하는 자 곧 그의 뜻대로 부르심을 입은 자들에게는 모든 것이 합력하여 선을 이루느니라 하나님이 미리 아신 자들을 또한 그 아들의 형상을 본받게 하기 위하여 미리 정하셨으니 이는 그로 많은 형제 중에서 맏아들이 되게 하려 하심이니라(롬 8:28-29).

언약의 명료성

하나님을 언약을 통해 계시된 그대로 이해하면 어떤 복이 있는가? 첫째, 하나님의 목적이 전개될 때 언약이 중심이라는 것을 이해하면 구원의 유익을 더 잘 이해할 수 있는 틀을 얻는다. 잠시 상상해 보라. 당신은 방금 귀한 선물을 유산으로 받았다. 인생망이 달라지는 이 선물은 엄청난 유익과 특권을 수반하며, 따라서 당신이 이 선물을 더 완전하게 이해하려는 것은 당연하다. 다른 예를 들자면, 당신이 결혼해 새 가정을 꾸렸거나 오랫동안 보지 못했던 친척을 갑자기 만나게 되었다면, 당신의 인생 이야기가 친척들의 가족사 및 성취와 어떻게 맞아 들어 가는지 알고 싶을 것이다. 이러한 관계에 관한 정보는 틀림없이 소중할 것이다.

우리가 예수 그리스도 안에서 얻은 구원은 훨씬 더 그렇지 않겠는가? 우리가 구원에서 얻는 복은 연속되는 일련의 언약이라는 맥락에서 우리에게 펼쳐진다. 이 언약들을 연구하고 이해해야만 그리스도를 통해 우리에게 주어지는 복을 제대로 이해할 수 있다.

장 칼뱅(Jean Calvin)은 우리에게 일깨운다. 예수 그리스도께서는 그분의 복음을 입고 오신다.[2] 이 복음의 옷 자체가 언약 용어로 우리에게 계시된다. 언약의 복의 총체이자 중보자로서, 그리스도는 우리가 더 분명하게 알고 이해하며 예배해야 하는 분이다. 하나님은 언약의 약속을 통해 그리스도와 그분의 유익을 우리에게 계시하셨다. 언약이 약속하는 것을 이해한다는 말은 그리스도께서 가져다주시는 것을 이해한다는 뜻이다.

언약은 또한 모든 세대에 걸쳐 하나님의 백성 간에 존재하는 큰 연속성을 우리에게 일깨워 준다. 구약의 신자들은 연속되는 일련의 언약의 약속을 받았으며, 이 모든 약속은 예수 그리스도의 삶과 죽음과 부활과 승천에서 완성될 구원의 드라마가 펼쳐지는 것을 보여주었다. 매우 실제적인 의미에서, 지금 그리스도 안에 있는 자들은 과거에 주어진 언약의 약속들과 영적으로 연결되어 있다. 이런 까닭에 사도 바울은 이렇게 쓸 수 있다. "너희가 그리스도의 것이면 곧 아브라함의 자손이요 약속대로 유

---

[2] John Calvin, *Institutes of the Christian Religion*, ed. John T. McNeill, trans. Ford Lewis Battles (Philadelphia: Westminster Press, 1960), 3.2.6.

업을 이을 자니라"(갈 3:29). 오늘의 개혁 교회는 흔히 자신을 언약 공동체로 묘사한다. 이것은 우리가 서로 연결되어 있을 뿐 아니라 과거에 살았던 하나님의 언약 백성과도 연결되어 있다는 것을 보여준다.

같은 이유로, 사도 바울은 그리스도인들이 맞닥뜨린 영적 위험을 일깨워 주고자 출애굽 당시의 이스라엘 민족을 되돌아보며 이렇게 썼다. "형제들아 나는 너희가 알지 못하기를 원하지 아니하노니 우리 조상들이 다 구름 아래에 있고 바다 가운데로 지나며"(고전 10:1). 바울은 이방인 그리스도인들에게 편지를 쓰고 있으면서도 애굽의 종살이에서 구원받은 사람들을 가리켜 '우리 조상들'이라고 한다. 이 구절들은 언약들이 우리의 경험을 과거에 있었던 경험과 연결한다는 것을 분명히 한다.

개혁 신학이 언약들을 강조한다는 사실은 또한 하나님이 우리 뒤에 올 사람들에게 하신 약속과 경고를 일깨워 준다. 역사적으로 개혁 교회가 자녀의 복과 부모와 자녀의 서로를 향한 책임을 강조하는 것은 우연이 아니다. 이것은 하나님의 가시적 언약 공동체를 구성하는 사람들의 결속과 관련이 있다. 이것이 오순절에 베드로의 위대한 설교에서 선포된다. 오순절 설교에서 베드로는 하나님이 구원의 약속을 회개의 명령과 더불어 듣는 모두에게 값없이 주신다고 선언했다. 그러면서 이렇게 덧붙인다.

"이 약속은 너희와 너희 자녀와 모든 먼 데 사람 곧 주 우리 하나님이 얼마든지 부르시는 자들에게 하신 것이라"(행 2:39).

구약성경에 나오는 하나님 백성의 예를 보면, 알아차리지 않을 수 없는 것이 있다. 자녀에게 하나님과 그분의 말씀을 향한 활발한 헌신을 물려주느냐 아니면 상대적 무관심과 타협하는 마음을 물려주느냐 하는 문제에서 부모의 역할이 중요하다는 점이다. 개혁 신학이 이러한 사실을 강조하며, 하나님이 언약을 통해 일하심이 중요하다는 개혁 신학의 강조점도 이러한 사실을 강조한다. 신자들은 개인적인 영적 의무가 있을 뿐 아니라 여호수아처럼 "오직 나와 내 집은 여호와를 섬기겠노라"(수 24:15)라고 말하라는 명령도 받는다. 이것은 하나님이 신명기 6장 4-9절에서 부모에게 주신 명령, 곧 자녀에게 그분의 명령을 "집에 앉았을 때에든지 길을 갈 때에든지 누워 있을 때에든지 일어날 때에든지"(신 6:7) 가르치라는 명령을 적용한 사례다. 가정이 이러한 책임을 갖는 것은 하나님이 주신 언약의 약속들이 갖는 성격 때문이다. 언약의 약속들은 하나님의 백성과 그 자녀에게 집집마다 제시되었다.

모든 개개인이 회개하고 그리스도를 믿으라는 부르심을 받는다. 그럴더라도 신자로서의 우리의 삶은 절대로 단독 미션이 아니다. 우리는 가족의 일원이고, 우리 가운데 많은 사람이 부모로서 자녀를 인도하라는 소명을 받으며, 우리는 더 큰 언약 공동체의 구성원으로서 믿음으로 살아간다.

여기서 더 큰 언약 공동체는 교회다. 교회는 언약에 기초한 공동체다. 예수 그리스도께서 그분의 교회에 주신 두 성례에서 이것을 확인할 수 있다. 두 성례, 곧 세례와 주의 만찬 모두 언약의 표징이며 인장이다. 세례는 다시 태어났다는 언약의 표징이다. 이 상징은 씻으시는 성령의 사역을 가리킨다. 그리고 그것을 받는 모든 사람을 하나님의 가시적인 가족으로 따뜻하게 맞아들이고, 이들에게 죄에서 구원받기 위해 회개하고 주 예수 그리스도를 믿어야 하는 의무를 지운다. 주의 만찬은 그리스도께서 십자가에서 하신 사역에 기초한다. 상징적으로, 주의 만찬은 그리스도의 몸과 피를 가리키며, 대속의 죽음에서 확립된 약속을 확인하는 인장이다. 이런 까닭에, 예수 그리스도께서 주의 만찬을 제정하시며 잔을 "내 피로 세우는 새 언약"(눅 22:20)이라 하신다. 우리는 또한 예수 그리스도의 사람들이 이 언약 식사에 참여할 때 예수 그리스도께서 성령으로 이들과 교제하신다는 것을 본다(고전 10장을 보라).

우리의 구원에서 언약이 중심이라는 사실은 우리에게 엄청난 의미가 있다. 이로써 우리는 하나님이 우리를 구원하시는 목적을 분명하게 이해하고, 과거에 살았던 신자들, 심지어 예수 그리스도라는 결정적 계시가 나타나기 전에 살았던 신자들과 하나 되며, 가정에서 하나님이 하시는 일을 이해하고 우리가 교회에서 그리스도인으로서 살아가는 삶을 이해하는 틀을 얻는다. 언약 신학이 어떤 그리스도인들 사이에서는 경시당하거나 부정될는지 모른다. 그렇더라도 개혁주의 기독교는 언약 신학을 늘 강조해 왔다. 언약 신학은 개혁 신학을 식별하는 표식 가운데 하나이며, 그 표현은 받아들이고 선포해야 하는 복이다.

신앙 고백의 투명성

1장에서 소개한 개혁 신학의 특징 중 하나는 확고하고 철저한 공적 신앙 고백에 대한 헌신이다. 언약 신학의 여러 큰 복을 살펴보았으니, 이제 신앙 고백을 살펴보는 것이 적절하다. 신앙 고백이 언약 공동체인 교회를 가시적으로 규정하기 때문이다.

역사적으로, 박해가 심할 때도 개혁주의 전통에 속한 교회는 공적 신앙 고백을 작성해 자신들이 믿는 바를 선언하는 데 엄청난 노력을 기울였다. 대부분 이러한 신앙 고백에는 어린이들과 새신자들을 가르치기 위한 교리 문답이 수반되었다. 앞서 말했듯이, 다음 세대에게 교리 문답을 가르치려는 이러한 마음은 개혁 신학이 우리가 예수 그리스도 안에서 얻은 구원이 언약적 실재임을 강조하는 것과도 일치한다.

실제적으로, 신앙 고백을 포기하거나 무시할 때 성경의 핵심적 권위를 강조하는 것을 비롯해 개혁 신학의 나머지 특징들도 거의 곧바로 쇠퇴한다. 이런 까닭에, 신앙 고백은 권위에 있어서 절대로 성경을 대신할 수는 없지만 개혁 신학에서 아주 진지하게 받아들여진다.

신앙 고백의 또 다른 유익은 교회 안팎의 사람들에게 투명성을 제공한다는 것이다. 신앙 고백으로 우리는 성경에 대한 우리의 믿음을 선포한다. 그 믿음은 하나님과 인간과 구원과 교회와 세상에 관해 이런저런 것이 참이라고 성경이 선언한다는 믿음이다. 비즈니스계에서라면 '광고의 진실성'(truth in advertising)이라 불릴 수도 있을 이러한 명료성(clarity)과 진실성(integrity)은 모든 그리스도인, 특히 그리스도인 사역자들에게 우선순위여야 한다. 잠언 2장 7절은 하나님이 행실이 진실한(한글 개역개정에는 '온전한'으로 번역되어 있다 – 편집자 주) 자에게 방패가 되신다고 가르친다. 우리는 하나님이 공개적으로 진실을 말하는 자들에게 복을 주신다는 것을 안다. 잠언 20장 7절은 진실하게(한글 개역개정에는 '온전하게'로 번역되어 있다 – 편집자 주) 행하는 자가 의인이라 그의 후손에게 복이 있다고 말한다.

사도 바울의 사역에서 그 예를 볼 수 있다. 그는 이렇게 말한다. "우리가 세상에서 특별히 너희에 대하여 하나님의 거룩함과 진실함으로 행하되 육체의 지혜로 하지 아니하고 하나님의 은혜로 행함은 우리 양심이 증언하는 바니 이것이 우리의 자랑이라"(고후 1:12). 바울은 같은 맥락에서 자신의 사역과 다른 사람들의 사역을 대비시킨다. "우리는 수많은 사람들처럼 하나님의 말씀을 혼잡하게 하지 아니하고 곧 순전함으로 하나님께 받은 것 같이 하나님 앞에서와 그리스도 안에서 말하노라"(고후 2:17). 이러한 순전함과 진실함은 우리가 믿는 바와 가르치고자 하는 바를 분명하게 밝히는 것, 곧 우리가 가지고 있는 믿음을 고백하는 것을 포함한다. 신앙을 명료하게 고백한 후에는 진실하게 붙잡아야 한다.

이와 같은 분명한 신앙 고백은 언제나 개혁 신학을 가장 건강하고 진실하게 표현한다. 이러한 신앙 고백은 교회가 믿는 바를 세상을 향해 선포하는 방법이고, 다음 세대를 믿음의 본질적 요소로 훈련하는 방법이며, 교회에 속한 사람들이 어떤 가르침이나 관습을 마주할 때 이것을 평가하도록 인도하는 방법이다. 교회사가 보여주듯이, 신조나 신앙 고백이 없다면 개혁주의 가르침이 지속적으로 표현될 수 없다. 이러한 신앙 고백의 유익을 고려할 때, 신앙 고백을 무시하고 싶은 이유가 있을 수 있겠는가?

이 모든 것에 있어서, 신앙 고백이 본질적으로 제한적이라는 사실을 인정해야 한다. 오늘의 많은 교회와 개인이 역사적 신앙 고백을 사용하길 거부하는 것은 이런 이유 때문일 것이다. 어쨌든, 당신이 하나님의 선택에 관한 성경의 가르침이 옳다고 확신한다면 다른 견해는 모두 틀렸다고 말하는 것이다. 당신이 세례 같은 문제에 대해 선언한다면 성경이 이런 문제들에 대해 말하되 구속력 있는 방식으로 말한다고 선언하는 것이기도 하다. 교회 정치의 형태와 관련해, 당신이 장로교 교인이라는 말은 전적으로 회중교회 교인이 아닐 뿐더러 성공회 교인도 아니라는 뜻이다.

신앙 고백이 이렇게 하나로 묶는다는 사실이 어떤 사람들은 불편하다. 많은 사람이 이러한 제한이 없는 교회를 원한다. 명목상으로 동일한 신앙 고백을 채택한 교단 내에서조차 많은 사람이 분명한 교리적 결론에서 인지되는 제한 때문에 힘들어 한다. 이러한 반대에 답해 간략한 핵심 세 가지를 짚고 넘어가야겠다.

첫째, 성경 자체가 교리적 선언이나 공적 신앙 고백이 필요함을 전제하고 있다. 바울이 디모데에게 보내는 편지에서 기술한 내용이 바로 이것이다. 그는 이렇게 썼다. "너는 그리스도 예수 안에 있는 믿음과 사랑으로써 내게 들은 바 바른 말을 본받아 지키고"(딤후 1:13). 바울은 다른 곳에서 이것을 가리켜 "교훈의 본"(고전 6:17)이라고 한다. 구약의 신명기 6장 4절 같은 곳에서는 분명한 신앙 선언문을 볼 수 있다. "이스라엘아 들으라 우리 하나님 여호와는 오직 유일한 여호와이시니." 성경이 우리가 반드시 해야 할 신앙 고백이 있다고 한다면 우리는 그 고백을 진지하게 받아들여야 한다.

둘째, 그러나 역사적 신앙 고백은 세월과 성숙한 고찰의 유익을 수반한다. 성경과 제한된 경험만으로는 다른 사람들의 조언과 가르침에서 유익을 얻지 못하리라고 생각해서는 안 된다. 수많은 조언자에게 지혜가 있으며, (언제나는 아니더라도) 시간과 검증의 테스트를 통과한 가르침을 깊이 살펴야 한다. 다른 사람들은 모두 틀렸고 우리 교회가 처음으로 성경을 명쾌하게 읽는다고 주장하는 태도를 고민하고 염려해야 한다. 그리스도인은 신앙 고백을 붙잡을 때 안정을 찾는다. 물론, 절대로 신앙 고백이 성경에 우선해서는 안 된다. 하지만 신앙 고백은 최초로 진리를 발견했다고 주장하는 사람들이 성경을 오용하고 조작하는 것을 막는 방호벽 역할을 할 수 있다.

마지막으로, 앞서 보았듯이, 신앙 고백은 지켜보는 사람들에게 우리의 신앙을 분명하고 균형 잡힌 방식으로 선포하는 유익이 있다. 교회 안에서, 신앙 고백은 우리를 특정한 가르침에 묶고 한 사람이 절대적이고 새로운 권위를 갖는 것을 막는다. 세상에서, 신앙 고백은 다른 사람들이 우리가 무엇을 왜 가르치는지를 왜곡이나 기만이나 혼동 없이 정확하게 알게 해준다. 앞서 보았듯이, 신앙 고백은 단순히 덕목이 아니라 신약성경의 모범을 따르는 사역이 요구하는 것이다.

개혁 신학은 복인가?

여기서 우리는 이렇게 주장한다. 우리는 개혁 신학을 정의하고 변호할 수 있을 뿐 아니라 수용하고 기뻐할 수 있다.

언뜻 보기에는 부채로 보일 수도 있는 것들이 어느 부분이든 실제로는 자산이다. 성경의 권위, 하나님의 주권과 선택, 언약의 명료성, 공적 신앙 고백의 투명성과 책임성은 모두 좋은 선물이다. 성경은 하나님의 말씀이 핵심적 권위이며 하나님이 모든 삶에서, 특히 구원에서 절대적 주권자라는 것을 분명히 한다. 언약은 하나님의 일에 있어서 매우 중요하며, 확고한 공적 신앙 고백은 독립과 자율이라는 현대적 개념과 정반대지만 우리가 현대 세계에서 사역하고 복음을 전파하는 데 필요한 안정적 환경을 제공한다.

개혁 신학과 다른 신학 체계들 사이에 존재하는 이러한 중요하고 뚜렷한 차이를 지워 버리거나 무시해서는 안 된다. 개혁 신학은 성경의 웅대한 진리를 고수하며, 따라서 신앙의 견고한 기초와 일관된 틀을 찾는 그리스도인들에게 균형 장치이자 복이다.

더 깊은 묵상을 위한 질문

1. 하나님의 주권은 어떤 방식으로 고난 중에 특별한 위로가 되는가?
2. 구원에서 작동하는 하나님의 주권은 우리가 미래를 볼 때 어떻게 확신을 주는가?
3. 하나님이 그분의 구원을 언약에 계시하신 것이 왜 그렇게 큰 복인가?
4. 어떻게 불신자들이 신조와 신앙 고백의 투명성에서 유익을 얻는가? 어떻게 이러한 신조와 신앙 고백이 교회 안에 있는 그리스도인들에게 유익을 주는가?

5
개혁 신학에 관한 질문과 답변

이제 개혁 신학에 관한 몇몇 질문과 짧은 답변을, 적어도 내가 할 수 있는 가장 짧은 답변을 제시하겠다. 다양한 진영이 개혁 신학을 향해 숱한 질문들을 쏟아 낸다. 여기서 모든 질문을 다 다룰 수는 없어서 책 말미에 읽어 보면 좋을 추천 도서를 정리해 두었다.

하나님을 더 깊이 알려면 신학을 알아야 하는가?

신학이란 '하나님에 관한 말', '하나님에 관한 관념', 또는 '하나님에 관한 공부'라는 뜻이다. 이런 의미에서, 모든 사람이 신학자다. 한 사람이 나쁜 신학자일 수도 있고, 부주의한 신학자일 수도 있으며, 이단 신학자일 수도 있다. 그러나 거의 모든 사람이 하나님에 대해, 하나님과 관련된 가르침에 대해 이런저런 생각을 한다. 그러므로 기본적인 의미에서, 하나님을 아는 것과 신학을 정확히 아는 것은 떼려야 뗄 수 없게 연결되어 있다.

그러나 종종 이 질문을 할 때 질문자의 말뜻은 사실 이런 것이다. "내가 하나님을 알려면 신학책을 읽거나 학문적 환경에서 신학을 공부해야 하나요?" 이 질문의 답은 "아니요."이지만 여기에는 조건이 붙는다. 여기에 조건을 붙여야 하는 데는 이유가 있다. 성경은 하나님의 은혜에서 자라는 것을 말할 때 하나님의 은혜에서 자라는 것과 하나님을 아는 지식에서 자라는 것을 연결하기 때문이다.

우리 삶의 여느 관계처럼, 하나님을 더 알아 가지 않으면서도 하나님을 아는 지식에서 자랄 수 있다고 생각하는 것은 앞뒤가 맞지 않는다. 우리는 하나님이 성경에서 하시는 말씀에 귀 기울여야 하고, 하나님이 하시는 일을 연구하고 숙고해야 하며, 하나님의 말씀을 단지 듣기만 하는 게 아니라 실천해야 한다. 베드로가 교회에 마지막으로 남긴 말에서 은혜 안에서 자라는 것과 지식에서 자라는 것을 연결했다는 사실은 주목할 만하다 (벧후 3:18을 보라).

그러나 연구 및 묵상과 하나님을 아는 지식을 분리하고 싶어 하는 강한 유혹도 있지만, 이와 같거나 더 큰 위험이 있을 수 있다. 우리가 그리스도에 관해 바르게 말하므로 그분을 안다고 생각하는 것이다. 그뿐 아니라 우리는 스스로 속아 이렇게 생각할 수도 있다. 우리가 그리스도의 이름으로 이런저런 일을 하기 때문에 그분을 안다고 생각하는 것이다. 예수님은 이를 경고하며 이렇게 말씀하신다.

> 그날에 많은 사람이 나더러 이르되 주여 주여 우리가 주의 이름으로 선지자 노릇 하며 주의 이름으로 귀신을 쫓아내며 주의 이름으로 많은 권능을 행하지 아니하였나이까 하리니 그때에 내가 그들에게 밝히 말하되 내가 너희를 도무지 알지 못하니 불법을 행하는 자들아 내게서 떠나가라 하리라(마 7:22-23).

예수님이 여기서 하시는 경고는 그분을 뭐라고 불러야 하는지 알고 그분이 바라시는 일이 무엇인지도 알지만 정작 그분을 알지 못하는 자들을 향한 것이다.

우리는 예수 그리스도께 나아갈 때 오직 그분의 방식으로 나아가야 한다. 다시 말해, 우리의 죄를 인정하고 회개하며, 우리의 구원을 위해 우리가 그분을 부르는 칭호나 우리가 행한 어떤 일이 아니라 오직 그분만 의지하고 나아가야 한다. 이것이 그리스도를 아는 참 지식의 첫 걸음이다.

개혁 신학이 신약성경을 읽는 데 어떻게 영향을 미치는가?

바르게 이해하면, 개혁 신학은 성경 전체, 곧 구약성경과 신약성경을 연구하는 데서 비롯된다. 그러나 성경 연구에서 비롯된 체계는 그러지 않으면 놓쳤을 신약성경의 진리를 보는 데도 도움이 된다. 예를 들면, 성경 전체가 구원에서 작동하는 하나님의 절대 주권을 드러낼 뿐 아니라 선포한다는 것을 알 때, 왜 신약성경에서 그리스도인들이 거듭 '택하신 자들'이나 '하나님이 택하신 자들'이라 불리는지 이해되기 시작한다.

하나님의 주권에 대한 동일한 이해가 사도행전 같은 신약의 책들을 보다 섬세하게 읽는 데 도움이 된다. 읽을 때, 우리는 모든 일이 하나님의 예정에 따라 이루어지고 있다는 것을 안다. 그 무엇도 하나님의 다스림을 벗어나지 못한다. 하나님이 언제나 주관하시며, 하나님의 계획이 그분의 영광을 위해 실행되고 있다.

조금 더 미묘한 차원에서, 하나님이 언약을 통해 하신 약속들이 구약성경에서 신약성경으로 이어진다는 것을 이해하면 그리스도인으로 산다는 것과 교회의 일원이 된다는 것이 무슨 뜻인지 가늠하는 시각을 갖게 된다. 앞서 보았듯이, 신약성경은 구약의 하나님 백성과 신약의 하나님 백성 사이에 큰 연속성이 있다는 것을 보여준다.

어떻게 유아 세례가 개혁 신학에 들어맞는가?
유아 세례를 믿어야 개혁주의자인가?

유아 세례는 개혁 신학이 언약을 강조한다는 사실과 연결된다. 구약성경에서 언약의 표징과 인장 중 하나가 할례였다. 할례는 아브라함 언약의 일부였다. 할례는 모든 남성 회심자에게 (이들이 하나님을 믿는다는 것을 보여주기 위해) 시행되었고 이들의 어린 아들들에게 (지속적인 하나님의 제안과 일을 다음 세대에 보여주기 위해) 시행되었다.

개혁 신학의 대다수 표현에서 보듯이, 우리는 이 표징과 인장이 모든 새로운 회심자와 그리스도인의 자녀들에게 베푸는 세례로 넘어왔다고 믿는다. 할례가 그것을 받는 사람들로 하나님과 하나 되게 하고 하나님이 마음에 하시는 일을 상징하며 사람들을 회개와 믿음으로 부르듯이, 세례는 그것을 받는 사람들로 하나님과 하나 되게 하고 하나님이 그분의 백성의 마음을 씻어 새롭게 하시는 사역을 상징하며 세례를 받는 사람들과 이 가시적 표징을 지켜보는 사람들을 회개와 믿음으로 부른다.

언약의 연속성과 표징과 인장의 논리 때문에, 개혁주의 전통에 속한 사람들 대다수가 신자들과 그 자녀들의 세례를 가장 성경적인 세례의 표현으로 본다. 그러나 하나님의 언약이 실행되는 방식의 구체적 성격에 대해서는 개혁 신학 내부에서 논쟁이 있다. 신자들과 그 자녀들 모두 하나님의 언약 백성을 이루는 구성원이라는 데는 역사적으로 폭넓은 일치가 있었다. 그러나 1600년대 이후, 어떤 사람들은 개혁주의라는 명칭에서 나타나는 몇몇 특징을 받아들이면서도 동시에 어떻게 신자의 자녀가 하나님이 언약을 통해 주신 약속 및 경고와 연결되는지 의문을 제기했다. 현대에 이러한 그리스도인들은 스스로를 개혁주의 침례교도(Reformed Baptists)라고 부른다.

어떤 사람들은 언약 개념이 우리가 개혁 신학을 정의하는 데, 특히 성례와 교회론을 이해하는 데 너무나 중요한 역할을 하기 때문에 개혁주의 침례교도를 개혁주의로 분류해서는 안 된다고 주장한다. 이러한 논쟁에 담긴 의미를 생각 없이 무시해서는 안

된다. 그러나 하나님이 언약에서, 언약을 통해, 그리고 구원에서 실제로 하시는 일을 강조하는 사람들이 공유하는 폭넓은 공통 기반이 있다.

개혁 신학은 단지 지성인들을 위한 것인가?

전혀 그렇지 않다. 역사적으로, 개혁 교회들은 우리가 보통 사람들이라 생각할 사람들 가운데서 생겨났다. 예외가 있기는 하지만, 대다수 역사적 개혁 교회들은 귀족들이나 지성인들에게 곧바로 지지를 받지는 못했다. 이것은 이해가 된다. 개혁 신학은 권위, 인간과 구원의 본질, 하나님이 세상에서 일하시는 목적에 대한 성경의 가르침을 다시 말하는 것일 뿐이기 때문이다. 개혁 신학은 이러한 진리를 다음 세대에게 가르치는 일과 어린이들을 지교회의 삶에 참여시키는 일을 늘 강조해 왔다. 개혁 신학은 제자화를 지향하는데, 이 제자화는 신학적으로 탄탄하며 분명히 성경에서 나온 것이다.

그러나 여기서 반드시 짚고 넘어가야 할 게 있다. 오늘날 개혁주의라는 용어를 사용하거나 개혁 신학을 알게 된 많은 사람이 개혁주의가 지적으로 자극과 만족을 준다는 것을 발견한다.

어떤 사람들에게 개혁주의의 가르침은 기본 질문에 답하고 더 깊은 지적 탐구를 위한 시야를 열어 준다. 이것은 놀라운 일이다. 개혁 교회들은 늘 목회자들이 건전한 교리를 교육받고 건전한 교리에 능숙해야 한다고 주장했으며, 개혁주의 전통의 최고의 신학자들은 그 시대의 주도적인 지적 운동과 소통하려 노력해 왔다. 이들은 인간의 본성과 우리의 창조자 하나님의 주권에 대한 분명하고 실제적인 이해를 바탕으로 이렇게 한다.

이것은 개혁 신학이 지적인 사람에게 연구하고 말할 거리를 많이 제시할 수 있다는 뜻이다. 하지만 개혁 신학의 중심은 성경의 가르침을 균형 있고 사려 깊게 선언하는 것이다. 개혁 신학은 주 예수 그리스도의 영광스러운 복음이 중심에 자리한 삶과 교회를 빚고 가꾸려 한다. 개혁 신학은 삶을 위한 신학이다. 단지 지성의 삶만이 아니라 하나님께 헌신된 전인(全人)의 삶을 위한 신학이다.

개혁 신학은 성령에 관해 무엇을 가르치는가?

개혁 신학에 대한 가장 놀랄 만한 비판 가운데 하나는 개혁 신학은 성령론이 미흡하다는 것이다. 어떤 사람들은 개혁주의자가 되는 것은 성령의 사역을 깡그리 부정하는 것이라고까지 말한다. 이보다 진실에서 동떨어진 것도 없다. 장 칼뱅(Jean Calvin)은 성령의 신학자라 불렸으며, 그를 따르는 대다수 개혁 신학자들이 그의 우선순위에서 배웠다. 성령을 강조하는 것은 개혁 신학과 어울리지 않는 게 아니라 개혁 신학의 핵심에 가깝다. 영국과 북미의 청교도 신학자들을 잠시만 살펴봐도 이들이 성령의 필요성을 분명하게 강조했을 뿐 아니라 성령론을 연구했다는 것을 알 수 있다.

이러한 이유 가운데 하나는 개혁 신학이 인간의 타락을 가르친다는 것이다. 인간은 본질상 죄악되고 자신을 전혀 구원할 수 없기에, 성령으로 새롭게 태어나는 것이 구원의 필수적 요소다. 성령이 영적으로 죽은 자에게 새 생명을 주셔야 한다. 동일한 강조를 개혁주의 성화론에서도 볼 수 있는데, 개혁주의 성화론은 성령이 하시는 일, 곧 죄악된 신자들을 변화시켜 예수 그리스도의 형상을 점점 더 닮아 가게 하시는 일을 강조한다.

오늘날 개혁 신학이 성령론과 밀접하게 연결되지 않는 한 가지 이유는 현대 은사주의 운동과 오순절 운동의 오름세 때문이다. 은사주의 운동과 오순절 운동은 이른바 이적과 관련된 성령의 은사, 특히 방언과 예언을 강조한다. 주류 개혁 신학은 언제나 방언과 예언이 초기 교회에서 사도들이 했던 사역에 국한된다고 이해했다. 예를 들면, 우리는 방언이나 예언이 교회와 목회 사역을 위한 규범적 가르침을 주는 목회 서신(디모데전서, 디모데후서, 디도서) 어디서도 언급되지 않는다는 데 주목해야 한다. 사도행전에서조차 뒤로 갈수록 방언과 예언이 사그라진다.

오순절 운동의 최근 기준에서 보면, 개혁 신학이 성령에 관해 말할 게 별로 없어 보일는지 모른다. 그러나 역사의 관점에서 보면, 성령에 관한 균형 잡힌 성경적 가르침에 비추어 보면, 개혁 신학은 성령의 사역을 기쁘게 받아들이고 적극적으로 강조한다.

개혁주의자를 자처하는 많은 사람이 까칠하거나 못돼 먹었다. 왜 그런가?

여느 신학 체계가 그렇듯이, 개혁 신학을 받아들이는 사람들도 하나같이 겸손하거나 호감이 가지는 않는다. 케이지 스테이지(cage-stage, 종교적 열정이 넘쳐 오만하다는 인상을 주기까지 하는 상태) 칼뱅주의자라는 대중 용어는 은혜 교리를 처음 받아들인 사람 다수를 묘사하는 데 쓰인다.

이 가운데 일부는 젊음이라는 함정 때문일 수 있다. 사도 바울이 젊음의 열정을 경고했다는 것을 기억해야 한다. 바울은 이어서 이렇게 썼다. "어리석고 무식한 변론을 버리라 이에서 다툼이 나는 줄 앎이라 주의 종은 마땅히 다투지 아니하고"(딤후 2:23-24). 안타깝게도, 처음 믿거나 성경 진리를 처음 받아들인 사람들은 그 진리 때문에 다투기 쉬운 경향이 있다.

개혁 신학의 몇몇 기본 진리를 이해하는 사람들이 자신들의 교리와 관련해 까칠하고 못돼 먹은 사람들의 문제를 가장 잘 진단할 수 있을 것이다. 우리가 알듯이, 인간은 본질상 이기적이고 자기중심적이며, 자신이 하지 않은 일의 공로를 자신에게 돌리려 하고 자신이 다른 사람들보다 우월하다고 생각하며 자랑하려는 경향이 있다. 이 모두는 은혜 교리에 비추어 이해할 때 특히 지독하다. 우리 모두를 기쁘고 겸손하게 만드는 한 가지가 있다면, 우리가 주 예수 그리스도 안에서 오직 믿음을 통해 오직 은혜로 값없이 받은 과분한 은혜를 묵상하는 것이다.

바울이 하는 말은 새롭게 알게 된 신학을 스스로를 높이거나 자랑하는 식으로 사용하는 모두에게 되풀이되어야 한다. "네게 있는 것 중에 받지 아니한 것이 무엇이냐 네가 받았은즉 어찌하여 받지 아니한 것같이 자랑하느냐"(고전 4:7). 이 구절은 칼뱅주의 5대 교리뿐 아니라 다섯 솔라(*sola*) 뒤에 자리한 큰 개념을 요약한다. 네게 있는 것 중에 받지 아니한 것이 무엇이냐? 인간의 타락은 개혁주의자를 자처하는 사람들이 논쟁적이고 오만한 이유를 설명해 준다. 그러나 이들이 이러하다는 사실에서 드러나는 게 있다. 이들은 스스로 개혁주의자라면서도 자신들이 그렇게도 확신하며 증언하는 진리를 거의 알지 못한다는 것이다.

개혁 신학은 자유 의지를 부정하지 않는가?
개혁 신학은 인간을 로봇이 되게 하지 않는가?

하나님의 주권이 개혁 신학에서 두드러진다. 우리는 먼저 하나님이 모든 구원에서 주권적이라는 것을 강조하지만 하나님이 일어나는 모든 일에서 전적으로 주권적이라는 것도 강조한다. 이것은 인간의 자유 의지 문제를 불러일으킨다. 개혁 신학에서, 인간은 정말로 자유로운가?

이 질문에 대한 몇 가지 답이 있다. 첫째, 개혁 신학은 자유 의지 자체가 마음이나 애정(affection, 감정) 개념에서 비롯된 하위 개념이라고 가르친다. 바꾸어 말하면, 우리는 사랑할 대상을 선택하고 우리가 욕망하는 대상에 의해 움직인다. 그러므로 인간을 이해하려 할 때 해야 하는 질문이 있다. 우리의 욕망은 어떻게 형성되는가? 우리는 무엇을, 왜 애정하는가? 욕망이 선택을 몰아간다.

이러한 질문에는 개혁 신학이 강조하는 분명한 성경적 해답이 있다. 인간은 본질상 하나님에게서 멀어진다. 우리는 이기적 욕망에 이끌린다. 이런 까닭에, 바울은 믿음을 통해 은혜로 구원받는다는 영광스러운 말씀의 서두에서 그리스도를 떠난 우리의 상태를 말한다. "전에는 우리도 다 그 가운데서 우리 육체의 욕심을 따라 지내며 육체와 마음의 원하는 것을 하여 다른 이들과 같이 본질상 진노의 자녀이었더니"(엡 2:3).

인간의 선택과 관련해 개혁 신학은 분명하게 답하면서 단지 우리의 선택 능력(자유 의지란 무엇보다도 선택 능력을 의미한다)만 다루는 게 아니라 "우리는 우리가 선택하는 것을 왜 선택하는가?"라는 훨씬 중요한 질문을 다룬다. 이런 이유로, 개혁 신학은 인간의 타락을 강조할 뿐 아니라 성령으로 새롭게 태어나야 한다는 것도 강조한다.

개혁 신학은 또한 인간이 자신의 행동에 대해 책임이 있다는 것을 분명히 한다. 심판 날이 다가오고 있으며, 하나님은 우리 모두에게 회개하고 복음을 믿으며 그분의 명령에 순종하라고 명하신다(행 17:30). 그러나 모든 인간이 책임이 있지만 하나님이 통치하신다. 하나님이 모든 일을 그분의 뜻에 따라 하고 계신다. 하나님을 거스르는 욕망을 품은 자들이 자유롭게 선택한 행동까지도 하나님이 선을 이루도록 사용하신다. 요셉이 그의 형들이 그에게 지은 죄에 대해 했던 말을 하나님을 대적하고 그분의 계시를 거부한 모두가 어느 날 듣게 될 것이다. "당신들은 나를 해하려 하였으나 하나님은 그것을 선으로 바꾸사"(창 50:20).

개혁 신학은 선교와 복음 전파를 덜 강조하지 않는가?

안타깝게도, 많은 그리스도인이 지옥의 실재를 거의 생각하지 않고 그리스도께서 그분의 교회에 주신 사명, 가서 모든 민족을 제자로 삼으라는 선교 사명(마 28:19을 보라)도 거의 생각하지 않는다. 선교사들과 전도자들을 가장 열심히 파송해 온 개혁 교회만 이런 게 아니다.

개혁 신학은 복음을 전하라는 하나님의 부르심에 순종하고 교회의 선교 사역을 후원하는 사람들에게 큰 확신을 주어야 한다. 우리가 알듯이, 구원은 전적으로 하나님의 일이며 목적(구원)을 정하시는 바로 그 하나님이 수단(하나님의 말씀 선포하기)도 정하신다. 바로 이 논리가 로마서 10장에서 사용된다. 바울은 로마서 9장에서 선택의 본질과 목적을 아주 분명하게 기술한 후 이렇게 말한다.

그런즉 그들이 믿지 아니하는 이를 어찌 부르리요 듣지도 못한 이를 어찌 믿으리요 전파하는 자가 없이 어찌 들으리요 보내심을 받지 아니하였으면 어찌 전파하리요 기록된 바 아름답도다 좋은 소식을 전하는 자들의 발이여 함과 같으니라(롬 10:14-15).

바울은 하나님이 구원에서 하시는 일을 이해했다고 해서 선교 열정이 식지 않았다. 오히려 그 이해는 그의 선교 열정에 기름을 끼얹었다.

이것을 사도행전에서 확인할 수 있다. 사도행전 13장에서 바울과 바나바는 유대인과 이방인 모두에게 복음을 전한다. 이들이 이방인들에게 복음을 전하자 놀라운 일이 일어난다. "이방인들이 듣고 기뻐하여 하나님의 말씀을 찬송하며 영생을 주시기로 작정된 자는 다 믿더라"(행 13:48). 하나님이 말씀 전파를 사용해 많은 사람을 구원으로 이끄셨다. 같은 역학이 개인적인 복음 전파에서도 작용한다. 빌립보에서 루디아라는 부유한 여인이 복음을 들을 때 바로 그런 작용이 있었다. "주께서 그 마음을 열어 바울의 말을 따르게 하신지라"(행 16:14).

개혁 신학의 가르침은 복음을 전하는 사람들에게 확신을 준다. 이것은 우리에게 오직 성경의 권위와 능력을 일깨우고(*sola Scriptura*), 구원의 은혜로운 본질을 강조하며(*sola gratia, sola fide*)

우리가 하는 선포의 핵심을 강조한다(*solus Christus*). 영생에 이를 자들을 궁극적으로 정하시고 이들의 마음을 열어 반응하게 하시는 분은 하나님이다. 그러므로 우리가 알듯이, 우리의 모든 노력은 오직 하나님의 영광을 위한 것이어야 한다(*soli Deo gloria*).

> 내가 개혁 신학의 교리들 중에 어떤 것들은
> 좋아하지만 어떤 것들은 좋아하지 않는다면
> 어떻게 되는가? 나는 개혁주의자인가?

이것은 우리를 정의의 문제로 되돌아가게 한다. 개혁 신학은 다양한 선생들이 다양하게 정의해 왔다. 이 책에서 제시한 개혁 신학의 정의는 상당히 주류적이고 중도적이다. 여기에 설명된 내용 중에 당신이 크게 반대하는 부분들이 있다면 개혁주의는 당신의 신학 체계에 가장 잘 맞는 이름이 아닐 것이다.

훨씬 큰 문제는 당신의 견해가 성경과 일치하느냐, 합리적·논리적 방식으로 서로 일관되게 연결되느냐이다. 당신의 확신에 대한 권위 있는 기준은 오직 성경뿐이라는 것을 명심하라. 그리고 성경을 세밀하게 살피면서 당신의 결론과 하나님의 말씀의 결론을 비교해 보라. 성경에서 당신이 좋아하지 않거나 당신이 지금껏 생각했던 것과 깔끔하게 맞아떨어지지 않는 개념들을 발견할는지 모른다. 하나님의 말씀의 권위에 복종하라. 개혁 신학은 바로 이것을 추구한다.

당신이 고수하는 견해가 성경의 직접적인 가르침뿐 아니라 성경의 논리와도 모순되지는 않는지 묻는 것도 중요하다. 이러한 예 가운데 하나가 하나님의 주권과 관련이 있다. 어떤 사람들은 하나님이 모든 것을 다스린다고 거리낌 없이 고백하면서도 하나님이 그렇게 하신다면 인간의 자유라는 신성한 원칙을 어기는 것이므로 하나님은 그 누구도 구원받도록 선택하실 수 없다고 주장한다. 이 경우, 우리는 이러한 주장이 하나님이 구원에서 하시는 일의 본질에 관해 성경이 분명하게 가르치는 내용과 모순될 뿐 아니라 하나님의 전적 주권이라는 개념과도 그 어떤 합리적 방식으로도 맞지 않다고 말할 것이다.

이러한 예는 얼마든지 있다. 그러나 개혁 신학의 가장 강력한 특징 중 하나는 성경의 가르침을 대변할 뿐 아니라 일관되게 들어맞는다는 것이다. 이것은 하나님이 질서의 하나님이기 때문에 우리가 기대할 수 있는 것이며, 우리가 우리의 신학적 결론을 평가할 때 모색해야 하는 것이기도 하다.

내가 개혁 신학을 확신하지만
개혁 교회에 속해 있지 않다면 어떻게 해야 하는가?
지교회가 개혁 신학에 왜 중요한가?

교회는 개혁 신학에 더없이 중요하다. 개혁 신학은 단지 개개인의 마음에서만 표현되는 게 아니라 하나님을 예배하고 그분의 말씀 아래 앉으며 그리스도의 성례에서 힘을 얻고 그리스도께서 그분의 백성에게 맡기신 사명을 수행하는 언약 회중들에서도 표현된다. 교회는 개혁 신학과 관련된 모든 진리가 펼쳐지는 것을 볼 수 있는 자리다. 개혁 신학은 예수 그리스도가 교회의 머리라고 선포한다.

그러므로 진정한 개혁 교회라면 무엇보다도 예수 그리스도의 말씀에 나타난 그분의 리더십에 복종할 것이다. 성경의 가르침이 교회 생활의 모든 면을 다스려야 한다. 안타깝게도 오늘날 많은 교회에서 사라져 버린 하나님 말씀의 정기적 선포가 공적 예배의 중심에 자리해야 한다. 성례, 곧 세례와 성찬이 하나님의 말씀대로 시행되어야 한다.

개혁 교회는 모든 공적 예배도 하나님의 말씀에 따라 드리려 노력한다. 하나님을 예배할 때 일어나는 일은 하나님이 친히 하신 명령에 의해 규정되어야 한다. 하나님은 그분의 백성에게 어떻게 그분께 나아와야 하는지 가르치셨으며, 성경은 모든 예배를 기쁘고 신실한 경건함과 경외심으로 드려야 한다고 분명하게 말한다(히 12:28을 보라).

교회가 구성되는 방식까지도 성경의 가르침과 본보기에 따라 결정되어야 한다. 이것은 교회 정치라고 알려져 있으며, 교회 직원(장로, 집사)의 역할, 회중이 내리는 결정의 종류, 교회 구성원의 성격 같은 것들을 다룬다.

이 모두는 오늘날 교회가 하나님의 가시적 언약 공동체라는 사실을 강조한다. 교회는 그리스도께서 감독하시고, 하나님의 성령이 내주하시며, 창조의 삼위일체 하나님께 헌신된 백성으로 구성된다. 하나님의 주권에 관한 진리부터 언약의 본질과 공적 신앙 고백 고수까지, 우리가 개혁 신학과 관련해 살펴본 모든 특징이 권위 있는 하나님 말씀의 인도와 통치를 받는 예수 그리스도의 교회에서 표현된다.

개혁 교회를 어떻게 찾는가?

이 질문에 대한 답은 당신이 처한 환경에 달려 있을 것이다. 어떤 상황에서는 개혁주의 신앙을 고백하고 성경의 권위에 복종하는 교단과의 연관성으로 교회를 찾을 수 있을 것이다. 이것은 좋은 출발점이다. 특정 교회가 제공하는 정보를 살펴보면 그 교회의 성경관을 알 수 있고 그 교회가 웨스트민스터 신앙 고백이나 일치하는 세 신앙 고백서(Three Forms of Unity) 같은 역사적인 공적 신앙 고백을 고수하는지 알 수 있을 것이다. 온라인의 여러 자료들을 취합하면 이러한 기준에 맞는 교회를 찾을 수 있을 것이다.

이 교회들을, 특히 여러 교회가 이러한 역사적 개혁주의 신앙 고백을 공개적으로 받아들이는 경우, 직접 방문할 필요가 있을 것이다. 방문할 때, 그 교회가 하나님의 권위에 접근하는 방식을 주의 깊게 살펴라. 설교와 가르침과 예배와 성례와 리더십 등 교회 생활의 모든 면이 하나님의 말씀의 다스림과 인도를 받는가? 이것이 개혁 신학의 출발점이며, 이 책에서 정의한 개혁주의에 부합하는 모든 교회의 표식이다.

개혁 신학이 예배관에 어떻게 영향을 미치는가?

개혁 신학은 하나님을 더없이 높인다. 하나님은 만물의 주권적 창조자이며 그분의 창조 세계를 다스리신다. 그러므로 우리는 하나님의 거룩하심을 인정하는 방식으로 그분을 찬양해야 한다. 하나님은 위엄과 능력이 넘치시며 더없이 위대하시기에 이 부분이 하나님을 향한 우리의 찬양에 반영되어야 한다. 성경은 이렇게 말한다. "여호와는 위대하시니 크게 찬양할 것이라" (시 145:3).

하나님을 향한 개혁주의 예배는 또한 기쁨이 넘쳐야 한다. 우리는 구원이 처음부터 끝까지 하나님의 선물임을 인정하기 때문이다. 우리가 예배로 하나님께 나아가는 것은 그분이 예수 그리스도 안에서 우리를 위해 행하신 일 때문이다. 우리의 예배가 받아들여질 수 있는 단 하나의 이유는 그리스도께서 하신 희생 때문이고 그분이 우리의 대제사장으로서 하신 사역 때문이다. 우리가 하나님을 찬양하고 말하며 그분께 들을 수 있는 것은 그분의 성령이 하시는 사역 때문이다. 생명 자체와 특히 영적 생명 자체가 모두 하나님의 선물이다.

하나님이 주도하시며, 따라서 이 원리는 개혁 교회 예배에 반영된다. 전통적인 개혁주의 예배는 대화 형식이다. 이것은 하나님과 예배자들이 일종의 대화를 나눈다는 뜻이다. 그러나 대화의 주제는 하나님의 선언이 정한다. 그래서 전통적으로 개혁주의 예배는 예배로의 부르심으로 시작하고 축도로 끝난다. 우리의 찬양과 고백과 기도는 하나님의 말씀에 대한 반응이다.

하나님의 말씀은 또한 개혁주의 예배의 정점인 하나님의 말씀을 전하는 설교에서 중앙 무대를 차지한다. 이때 자신들의 크신 하나님을 예배하러 모인 하나님의 백성은 안수 받은 복음 사역자가 하나님의 말씀을 펴서 그 말씀으로 교훈하고 권면할 때 하나님께 분명하게 듣는다.

어떤 사람들은 이러한 대화적 접근 방식이 반복적이라고 본다. 실제로, 많은 사람이 보듯이, 대다수 개혁주의 예배는 형태와 느낌이 비슷하다. 이것은 사실이다. 그러나 왜 이것이 사실인지 기억하는 게 좋겠다. 이것은 개혁 교회가 전통에 얽매여 있기 때문이 아니다. 오히려, 개혁 교회가 하나님의 말씀에 매여 있기 때문이다. 이렇게 하나님을 예배하는 방식을 오직 하나님의 말씀이 결정하게 할 뿐 여기에 아무것도 더하거나 빼지 않는 게 매우 중요하다. 흔히 이를 가리켜 예배의 규정적 원리(regulative principle of worship)라 한다.

개혁 교회는 한 분 예수 그리스도의 다스림을 받는다. 개혁 교회는 자신의 뜻을 성경에 계시하신 동일한 하나님을 예배한다. 개혁 교회는 성경을 읽을 때 동일한 예배 요소들을 보며, 여기에 자신들이 창안한 아이디어를 덧붙여서는 안 된다는 것을 안다. 하나님과 교제하려면, 하나님의 방식으로 그분께 나아가 그분이 하시는 말씀에 반응하고 우리의 뜻을 그분의 뜻에 복종시켜야 한다. 우리의 목표는 참신함이 아니다. 하나님과 만나는 것이다. 하나님의 말씀이 있다는 것은 엄청난 특권이다. 예수 그리스도의 다스림을 받고 성령의 인도를 받는다는 것은 엄청난 기쁨이다.

개혁주의 예배는 로마 가톨릭 예배와 같지 않은가?

어떤 사람들은 전통적 개혁주의 예배가 비교적 진지하다고 보고 이것을 로마 가톨릭과 연결할는지 모른다. 그러나 개혁주의 예배의 원리들은 1600년대에 로마 가톨릭 예배에 정면으로 반발하여 등장했다.

로마 가톨릭 예배에서 중심은 빵과 포도주다. 빵과 포도주는 성변화(transubstantiation, 실체 변화)를 통해 그리스도의 실제 몸과 피로 바뀐 것으로 제시된다. 빵과 포도주는 여기에 참여하는 자들에게 은혜를 부여하며 개인 구원에 필수다. 로마 가톨릭의 가르침에서, 구원의 확신은 이생에서 얻을 수 없다. 선행은 하나님의 은혜에 공덕으로 추가하고 반응하는 것이며, 로마 가톨릭 예배의 기본 구조는 궁극적으로 교황을 비롯해 교회로부터 공식적으로 서임 받은 사람들의 권위와 연결된다.

개혁주의 예배는 전혀 다르다. 개혁주의 예배의 권위는 예수 그리스도께 있으며 그분의 말씀에 계시된다. 이 때문에, 개혁주의 예배의 중심은 하나님의 말씀을 읽고 전하는 것이다. 우리의 예배는 그리스도를 통해 하나님께 받아들여질 수 있으며, 우리가 예배하러 오는 것은 하나님이 믿음으로 그분께 나오는 자들을 용서하고 받아들이겠다고 약속하셨기 때문이다.

개혁주의 예배는 주의 만찬을 기억하고 행하며, 예수 그리스도께서 주의 만찬에서 주의 만찬을 통해 그분의 성령으로 그분의 백성과 물리적으로가 아니라 영적으로 교제하고 힘을 주신다는 것을 인정한다. 이 만찬은 그 자체로 중요하지만 하나님의 말씀의 사역으로서 행해진다. 이 때문에 개혁주의 목회자들은 말씀과 성례의 사역을 위해 안수를 받는다.

하나님의 말씀이 개혁주의 예배를 주관한다. 우리는 우리의 원리와 설교를 하나님의 말씀에서 도출한다. 우리는 하나님의 말씀에 따라 찬양하고 기도한다.

우리가 오직 은혜로, 오직 믿음을 통해, 오직 그리스도 안에서 모두에게 값없이 제시되는 복음을 선포하는 것은 하나님의 말씀 때문이다.

개혁 신학은 내 가족에게 어떻게 영향을 미치는가?

이미 언급했듯이, 개혁 신학은 성경의 언약들을 강조한다. 이 언약들은 그리스도께서 하신 일을 보여주고 하나님이 자신에게로 부르신 자들에게 어떻게 은혜로 구원을 행하시는지 보여준다. 언약들은 우리를 과거와 묶을 뿐 아니라 현재와 관련된 의무도 부여한다. 언약들은 또한 미래 세대에게 은혜를 제시한다. 이 때문에 개혁 교회는 언약의 표징을 받을 자에 어린이들을 포함하고, 이들에게 믿는 자들을 위한 하나님의 약속과 회개하고 믿으라는 하나님의 부르심을 무시하는 자들을 향한 경고를 가르친다.

이것을 가장 잘 이해한 사람들이 예배에서 하나님께 어떻게 나아가야 하는지를 어린이들에게 훈련시켜야 한다고 강조해 왔다. 그래서 많은 개혁 교회가 어린이들이 예배에 참석하도록 권장한다. 또한 단순한 질문과 답변을 통해 신학을 가르치는 교리교육을 크게 강조한다. 이 모든 훈련 방법은 초기부터 개혁주의 전통의 일부였다.

개혁주의 전통의 또 다른 특징은 가정 예배다. 가정 예배는 가정마다 형태가 다르다. (그리고 흔히 참여하는 자녀들의 나이에 달려 있다.) 그렇더라도 가정 예배의 이상적 형태는 부모가 (이상적으로는 아버지가) 날마다 성경 읽기와 교훈과 기도로 자녀를 이끄는 것이다. 어떤 부모들은 찬양으로도 자녀들을 이끈다. 이러한 가정 예배는 대체로 짧지만, 부모가 성경의 명령을 진지하게 받아들이는 데서 비롯된다. 성경은 그리스도인 부모가 주님께 복종하는 모습으로 본을 보여야 하고, 자녀들에게 하나님의 일을 가르쳐야 하며, 하나님의 언약 공동체의 구성원에게 주어지는 의무와 기회를 자녀들에게 제시해야 한다고 가르친다.

그리스도인으로 살아갈 때 누리는 놀라운 특권들이 있다. 그 가운데 하나는 하나님이 개개인을 구원하면서 이들의 삶을 변화시키시는 모습을 볼 뿐 아니라 온 가족을 통해 일하시고 결혼 생활이 달라지게 하시며 자녀들을 구원하시고 집안 전체를 말씀의 권위와 아들의 보호 아래 두시는 모습을 보는 것이다.

추천 도서

Boice, James M. *Whatever Happened to the Gospel of Grace?: Rediscovering the Doctrines That Shook the World*. Wheaton: Crossway, 2009. First published in 2001. 종교 개혁의 다섯 솔라(*sola*)를 다룬 어렵지 않은 개론서다. 이 다섯 진리가 많은 복음주의 교회에서 무시되거나 밀려나는 여러 방식을 제시하고 이것들을 중심에 돌려놓으라고 강하게 호소한다.

Boice, James M. and Phillip G. Ryken. *The Doctrines of Grace: Rediscovering the Evangelical Gospel*. Wheaton: Crossway, 2009. First published in 2002. 앞의 책과 마찬가지로 칼뱅주의 5대 교리를 다룬다. 구원과 관련된 이 진리들 하나하나를 성경적으로 논증하며, 이것들이 어떻게 한데 맞물려 예수 그리스도께서 성취하신 구속을 완전하게 그려 내는지 보여준다.

Fesko, J. V. *Word, Water, and Spirit: A Reformed Perspective on Baptism*. Grand Rapids: Reformation Heritage Books, 2021. 페스코(J. V. Fesko)는 개혁주의 유아 세례 교리를 뒷받침하는 역사적 논증과 성경적 논증을 제시한다. 상당히 주의 깊게 읽어야 할 수도 있지만, 그렇더라도 이 책은 명확하며 포괄적이다.

Meyers, Stephen G. *God to Us: Covenant Theology in Scripture*. Grand Rapids: Reformation Heritage Books, 2021. 성경의 언약들 하나하나를 깊이 연구하며, 이것들이 어떻게 서로 맞물려 하나의 전체를 이루는지 보여준다. 잘 읽으려면 성경을 가까이 두고 함께 보는 게 좋겠다. 과거의 가장 훌륭한 개혁주의 자료들에 정통하다.

Murray, John. *Redemption Accomplished and Applied*. 1955. New edition with foreword by Carl R. Trueman. Grand Rapids: Eerdmans, 2015. 구원론에 관한 고전적 개론서다. 머리(John Murray)는 명쾌하고 성경적이며, 특히 예수 그리스도와의 연합이 더없이 중요함을 강조하고 성령의 사역을 적용하는 데 뛰어나다.

Rhodes, Jonty. *Covenants Made Simple: Understanding God's Unfolding Promises to His People*. Phillipsburg, NJ: P&R Publishing, 2014. 언약 신학에 관한 단순하면서도 분명한 개론서다. 학문적 자료를 세세하게 제시하거나 다루지는 않지만 성경에 나오는 언약들의 특징을 잘 요약한다.

Sproul, R. C. *Chosen by God*. Carol Stream, IL: Tyndale, 2021. 선택 교리와 이 교리가 그리스도 안에서 얻은 우리의 구원을 이해하는 데 중요하다는 것을 분명하고 강력하게 변호한다.

Trueman, Carl R. *The Creedal Imperative*. Wheaton: Crossway, 2012. 이 책은 신조와 신앙 고백이 성경적이며 교회의 삶에 필수라고 주장한다. 왜 신앙 고백이 과거에 중심이었는지, 왜 교회가 건강하고 건전하게 유지되려면 지금도 중심이어야 하는지 보여준다.

사명선언문

너희가 흠이 없고 순전하여……세상에서 그들 가운데 빛들로
나타내며 생명의 말씀을 밝혀 _ 빌 2:15-16

1. 생명을 담겠습니다
만드는 책에 주님 주신 생명을 담겠습니다.
그 책으로 복음을 선포하겠습니다.

2. 말씀을 밝히겠습니다
생명의 근본은 말씀입니다.
말씀을 밝혀 성도와 교회의 성장을 돕겠습니다.

3. 빛이 되겠습니다
시대와 영혼의 어두움을 밝혀 주님 앞으로 이끄는
빛이 되는 책을 만들겠습니다.

4. 순전히 행하겠습니다
책을 만들고 전하는 일과 경영하는 일에 부끄러움이 없는
정직함으로 행하겠습니다.

5. 끝까지 전파하겠습니다
모든 사람에게, 땅 끝까지, 주님 오시는 그날까지
복음을 전하는 사명을 다하겠습니다.

서점 안내

광화문점	서울시 종로구 새문안로 69 구세군회관 1층 02)737-2288 / 02)737-4623(F)
강남점	서울시 서초구 신반포로 177 반포쇼핑타운 3동 2층 02)595-1211 / 02)595-3549(F)
구로점	서울시 동작구 시흥대로 602, 3층 302호 02)858-8744 / 02)838-0653(F)
노원점	서울시 노원구 동일로 1366 삼봉빌딩 지하 1층 02)938-7979 / 02)3391-6169(F)
일산점	경기도 고양시 일산서구 중앙로 1391 레이크타운 지하 1층 031)916-8787 / 031)916-8788(F)
의정부점	경기도 의정부시 청사로47번길 12 성산타워 3층 031)845-0600 / 031)852-6930(F)
인터넷서점	www.lifebook.co.kr